Botiquín emocional para docentes universitarios

Ana Peinado

Botiquín emocional para docentes universitarios

OCTAEDRO - IDP, UB

Colección Educación universitaria

Título: *Botiquín emocional para docentes universitarios*

Primera edición: junio de 2025

© Ana Peinado

© De esta edición:
Ediciones Octaedro, S.L.
Bailén, 5 - 08010 Barcelona
Tel.: 93 246 40 02
octaedro@octaedro.com
www.octaedro.com

Universitat de Barcelona
Institut de Desenvolupament Professional (IDP)
Campus Mundet - 08035 Barcelona
Tel.: 93 403 51 75
idp.ice@ub.edu
www.ub.edu/idp/web/

ISBN: 978-84-1079-098-8
Depósito legal: B 12911-2025

Diseño y producción: Servicios Gráficos Octaedro

Impresión: Ulzama

Impreso en España - *Printed in Spain*

Sumario

Introducción

De un tiempo a esta parte, pareciera que todo lo relativo a las emociones se hubiera puesto de moda. Cada vez se habla más y con mayor normalidad de la importancia de la gestión emocional, de cómo educar emocionalmente, del desarrollo de la inteligencia emocional como clave para el bienestar. Los modelos teóricos en psicología han ido viajando desde el enfoque comportamental predominante a mediados del siglo XX, que ponía el foco en «lo que se ve» (la conducta), pasando por perspectivas donde el pensamiento y los procesos cognitivos eran el centro de atención, hasta llegar a la actual perspectiva emocional. Con toda seguridad no nos quedaremos aquí y seguiremos avanzando hacia otros paradigmas, quizá con un enfoque más biologicista apoyado en los avances que se están produciendo en neurociencia. Si hemos ido evolucionando a una orientación emocional es porque lo anterior no nos daba todas las claves necesarias para conseguir el equilibrio psicológico que, la sociedad en general y las personas en particular, ansiamos conseguir.

Pongamos donde pongamos desde la psicología el foco de atención, es evidente que el bienestar psicológico y el equilibrio emocional son algo que ha preocupado al ser humano desde el principio de los tiempos. Aristóteles, hace casi tres mil años, hablaba ya del concepto de «eudaimonía» o felicidad plena, que se podía conseguir a través del equilibrio que otorga el vivir bajo los principios de la virtud. En la antigua Roma, el estoicismo sentó las bases de cómo la autorregulación era vital para obtener la tranquilidad necesaria a la hora de afrontar con aceptación los envites de la vida. La técnica de la ciudadela interior propuesta por Marco Aurelio, aún sigue utilizándose en *mindfulness*. Aún más antiguas, las tradiciones budistas e hindúes proponían la meditación y el yoga como medios para alcanzar la paz interior. A pesar de los avances tecnológicos, como la aparición de la inteligencia artificial, seguimos siendo en esencia iguales a los humanos que acudían al oráculo de Delfos para encontrarse a sí mismos. Por eso, la gestión emocional sigue siendo importante o quizá lo sea ahora más que nunca.

Actualmente, en el ámbito universitario, que tanto se ha transformado en los últimos años, tenemos en nuestras aulas estudiantes que han sufrido una pandemia mundial que les obligó a confinarse en plena adolescencia y alejarse del contacto social tan importante en esta etapa vital, que además viven en una sociedad líquida con padres sobrecargados de trabajo que tratan de compensar su sentimiento de culpa evitando poner límites claros y constantes. Estamos ante una generación que ha sido llamada «de cristal» por la vulnerabilidad que demuestran en ocasiones, aunque también han demostrado ser más resilientes, solidarios y comprometidos que generaciones anteriores.

Hace más de quince años comencé a colaborar con centros educativos de infantil, primaria y secundaria en el desarrollo de actividades y programas de educación emocional. Dicho trabajo lo pude materializar en 2016 con la publicación del Programa Arco Iris, que recoge actividades para trabajar en las aulas desde los 3 hasta los 18 años en las diferentes competencias emocionales. Unos años después, tuve la oportunidad de iniciar mi trayectoria docente en la universidad y desde el principio traté de llevar a mis clases lo que hasta ese momento había desarrollado en los niveles educativos previos. Siempre he considerado la universidad como una institución de formación integral del ser humano. No creo que deba convertirse únicamente en un tipo de formación profesional avanzada. Pasar por la universidad debe permitir que la universidad pase por uno mismo, lo transforme y le permita un desarrollo personal y social, mediante la adquisición de valores morales y cívicos. Los docentes universitarios, que ya hemos sido sustituidos como fuentes de conocimiento por internet y la inteligencia artificial, debemos, ahora más que nunca, centrarnos en ofrecer al estudiantado esta perspectiva más humanista. Y para eso, debemos tener presente nuestro propio desarrollo personal, sin perdernos a nosotros mismos en la complicada y exigente carrera profesional universitaria.

Este libro aborda la importancia de la gestión emocional, explorando sus procesos psicológicos para ofrecer pautas de aplicación práctica en el aula universitaria.

Somos seres sintientes. Nuestras emociones son parte indisoluble de nuestra condición humana. Son el primer escalón en nuestra forma de pensar, actuar y estar en el mundo. La relación con los demás y con nosotros mismos depende de nuestras emociones. El primer capítulo está centrado en dar a conocer la naturaleza de las emociones desde un punto de vista fisiológico, explicando cómo determinan nuestra manera de actuar. El capítulo está centrado en la descripción de cada uno de los componentes de la definición de emoción para poder ofrecer una visión amplia que permita entender la complejidad y magnitud del fenómeno emocional.

En el segundo capítulo, nos centramos en el miedo como la emoción básica y primaria que origina los estados de estrés, ansiedad y *burnout* tan presentes en el profesorado y estudiantado universitario. Conocer cómo funcionan estos mecanismos desde el punto de vista biopsicológico permite, por un lado, ser conscientes de cómo afectan a la capacidad de atención, concentración y memorización fundamentales para el estudiante y también a la aparición de la frustración, la falta de motivación y la sensación de estar «quemado» por el trabajo, presentes en parte del profesorado. Aprender cómo se originan estos procesos permite conocer también las claves de su regulación.

El tercer capítulo trata del concepto de regulación emocional como proceso consciente mediante el que podemos manejar la intensidad y frecuencia con la que aparecen nuestras emociones. La regulación emocional no significa evitar o reprimir las emociones, sino gestionarlas adecuadamente. Conceptos como la ventana de tolerancia y los mecanismos de regulación son mapas que nos permiten saber cómo estamos emocionalmente en cada momento, lo que nos permitirá establecer estrategias adecuadas para volver al necesario estado de equilibrio. Estos conceptos nos permitirán ir introduciendo el concepto de inteligencia emocional, que ha demostrado científicamente en los últimos treinta años su efectividad para el rendimiento académico y el éxito profesional y personal, entre otros beneficios.

El cuarto capítulo ofrece las claves de la herramienta «botiquín emocional» que incluye recursos y técnicas a las que se puede acudir en momentos de intenso desequilibrio emocional. Este botiquín incluye prácticas como la meditación, la respiración, el establecimiento de límites saludables y técnicas de autocuidado. Las técnicas propuestas se dividen en aquellas que son necesarias para gestionar estados de hiperactivación, como la ansiedad, y aquellas que nos permitirán aumentar la energía en estados de hipoactivación, relacionados con el ánimo depresivo o la procrastinación.

En el quinto capítulo hablamos de los «primeros auxilios psicológicos en el aula». El profesorado debe estar formado en cómo tratar crisis emocionales de la misma manera que debe conocer cómo actuar ante casos de urgencia médica. Este capítulo recoge la técnica más adecuada para abordar una crisis de ansiedad en el aula y cómo lidiar con situaciones más complejas como autolesiones o la ideación suicida. Un adecuado apoyo emocional en estas situaciones puede salvar vidas y como docentes debemos estar formados y preparados por si fuera necesario actuar.

Por último, el sexto capítulo aborda cómo aplicar mediante dinámicas y situaciones de enseñanza las competencias de inteligencia emocional de reconocimiento de emociones, autoestima, automotivación, autorregulación, habilidades sociales y las fortalezas del estado de ánimo de la psicología positiva. A modo de ejemplo, se ofrece una dinámica de cada competencia con el objetivo de que pueda servir de inspiración para que cada docente lo pueda extrapolar a la realidad de su aula de la forma que considere más adecuada. La aplicación de estas técnicas no solo va a permitir crear un ambiente de aprendizaje motivador, sino que permitirá desarrollar en el estudiantado las llamadas «habilidades blandas» que les serán esenciales en su incorporación al mercado laboral y que, además, entroncan con el concepto de educación integral que el espacio universitario debe fomentar.

En definitiva, este libro busca ofrecer una guía completa para entender y aplicar la gestión emocional en los docentes universitarios, permitiendo por un lado el desarrollo de su propia gestión emocional y por otro lado ofreciendo recursos para desarrollar las competencias de inteligencia emocional en el estudiantado. Pretende el ambicioso propósito de transformar el aula universitaria en un espacio de crecimiento personal, con un enfoque humanista y social que permita una sociedad más justa y equilibrada. Si no lo consigue, al menos, que sea ameno y clarificador.

Emociones

La palabra emoción proviene del término latino *emovere*, compuesto del prefijo *e-* (que significa desde) y el verbo *movere*, que indica movimiento. Por lo tanto, su significado estaría relacionado con la acción de mover algo desde un sitio, empujar. Y es que esa es exactamente la función que tienen las emociones desde un punto de vista adaptativo: hacer que nos movamos y, para que podamos hacerlo, nos avisan a través de señales físicas, psicológicas y conductuales que, si prestamos la suficiente atención, nos dan todas las pistas que necesitamos para adaptar nuestra respuesta a la situación o al menos para hacernos aprender sobre cómo percibimos el mundo que nos rodea. Pero vayamos poco a poco. ¿Qué sería exactamente una emoción?

Podríamos describir la emoción como una reacción involuntaria, adaptativa y rápida a la interpretación de un estímulo externo o interno y que conlleva componentes fisiológicos, cognitivos y conductuales.

Vamos a ir desgranando cada uno de los elementos de esta definición para entender el proceso psicoemocional.

Reacción involuntaria
Hemos descrito la emoción como reacción involuntaria y no como respuesta. La diferencia es sutil, pero importante. La palabra reacción conlleva la implicación con la consecuencia directa y natural, mientras que la respuesta puede ir en una dirección diferente al hecho que la ha causado. Por ejemplo, si toco la puerta del horno caliente con la

mano, la apartaré rápidamente como consecuencia del calor y ante la posibilidad de quemarme. Por lo tanto, he tenido una reacción directa y relacionada con la temperatura del horno. Si voy por la calle y una persona desconocida me insulta, puedo responder como si no fuera conmigo, enfrentarme agresivamente o decirle que me ha confundido con otra persona. De esta manera estaré respondiendo (que no reaccionando) a la situación. El hecho de que las emociones sean reacciones implica que no pueden decidirse: no elijo mi emoción, más bien, mi emoción me elije a mí. Si una situación me pone triste, me enfada o me sorprende no ha sido porque considere racionalmente que esa es la mejor respuesta. Siento tristeza, enfado o sorpresa de manera momentánea. Lo que haga con esas emociones ya es parte de la gestión emocional, y esa respuesta a la emoción sí que es exactamente eso, una respuesta, y por lo tanto algo que elijo. Puedo elegir seguir enfadada todo el día por un conflicto con mi pareja o puedo elegir calmarme, valorar la situación, poner un límite, dialogar, pedir disculpas, perdonar y reconciliarme, algo sin duda que requiere más esfuerzo pero que será mejor para mi relación y mi propio bienestar.

Precisamente el hecho de que las emociones sean reacciones que no se eligen, nos hace valorar muy especialmente la importancia de validarlas. Decirle a alguien, sobre todo a los niños, no te enfades, no llores o no tengas miedo es tan irrespetuoso como inútil. Minimizar la importancia de las emociones también lo es. El típico «no es para tanto» o «es una tontería que estés triste por eso» o simplemente actuar como si las emociones de la persona que tenemos al lado no existieran genera la creencia de «hay algo malo en mí». Si tengo ocho años, mucho miedo a la oscuridad y la respuesta de mis padres es «vaya tontería», mi sistema concluye que la tonta soy yo porque sigo teniendo miedo siendo una estupidez tenerlo. Si mis emociones son equivocadas, pero las siento, la equivocada debo ser yo. Si en tu infancia esa era la respuesta habitual que escuchabas cuando expresabas tus emociones entenderás ahora tu falta de autoestima.

Otra consecuencia del hecho de que entendamos las emociones como reacciones es que estas no son, por sí solas, ni positivas ni negativas, en todo caso son agradables o desagradables. Su valoración como emociones más o menos adecuadas dependerá del contexto en el que se generen. Una emoción presuntamente negativa como el miedo nos puede prevenir de un accidente mortal si estoy cruzando la calle y viene un coche a toda velocidad hacia mí. El miedo me hará correr y salvaré la vida, así que la reacción de miedo no puede ser negativa, al menos en ese contexto. Si el miedo a que un coche me atropelle me impide salir de casa, entonces mi emoción será más que negativa, desadaptativa.

Adaptativa
La función adaptativa de las emociones significa que son esenciales para que nos adaptemos al entorno, aumentando nuestras posibilidades de sobrevivir. No son simplemente reacciones, son reacciones diseñadas para cumplir un propósito. Enlazando con el significado de reacción emocional, sería como si nuestro sistema escaneara la situación y nos preparara de la mejor manera para enfrentarnos a lo que ocurre, por lo que si estamos atentos al mensaje que las emociones nos traen podemos aprender mucho acerca de nosotros mismos y nuestras circunstancias. La emoción de miedo es en la que más fácilmente podemos apreciar esta función adaptativa. Sentir miedo al acercarme a un precipicio me ayuda a no dar pasos en falso que me harían caer, por lo que el mensaje es «cuidado, aléjate de aquí». Con otras emociones, el mensaje puede ser más difuso, aunque sigue estando presente. La alegría me trae el mensaje de «esta situación es buena, te traigo esta sensación placentera para que la repitas siempre que puedas». La emoción de enfado nos trae el mensaje de que alguien ha traspasado un límite y que debemos defendernos. El mensaje de la emoción de tristeza es «despídete de esta situación». La función adaptativa de las emociones nos permite adaptarnos a un entorno en constante cambio. Si nuestro estado emocional va cambiando a lo largo del día es porque las circunstancias, tanto externas como internas, también varían y nuestro sistema debe ir adaptándose para ofrecernos la respuesta más idónea en cada caso. Además, más nos vale adaptarnos de forma rápida.

Rápida

Las emociones son como olas, empezamos a sentirlas, alcanzan un pico de máxima intensidad y van decreciendo hasta desaparecer. La reacción emocional dura apenas unos segundos, más o menos en función del tipo de emoción. La decisión de defendernos de un ataque o de huir de un peligro debe ser lo más rápida posible. Emociones como la alegría vienen más lentamente y otras como la tristeza se quedan un poquito más. Algo lógico si pensamos en que la alegría nos hace bajar la guardia de ciertos peligros por lo que el sistema debe de asegurarse de que puede permitirnos disfrutar de una situación, mientras que para ayudarnos a digerir una pérdida, la tristeza necesita algo más de tiempo. Seguro que te estarás preguntando cómo puede ser esto así si tu llevas enfadado o enfadada varios días o has llegado a estar triste por meses. La respuesta es que lo que estabas sintiendo era más bien un sentimiento o un estado de ánimo. El sentimiento sería el mantenimiento a largo plazo de una emoción. Cada una de las emociones tendría su propio sentimiento asociado que, pese a compartir características fisiológicas y psicológicas, no son exactamente las mismas. El sentimiento asociado a la emoción de miedo, podría ser un estado de ansiedad. El de la emoción de enfado, sería el rencor. El sentimiento de la tristeza sería la melancolía o la depresión, mientras que el de la alegría, sería la felicidad. Entiéndase aquí los términos ansiedad y depresión no como diagnósticos clínicos, sino en su acepción más popular. Como vemos, estos sentimientos tienen matices, a veces sutiles, con las emociones que los han originado.

El hecho de que las emociones sean «olas», que las empezamos a sentir, nos inundan y luego se van, debe darnos la pista de que debemos actuar de la misma manera que cuando éramos niños y jugábamos en la playa con ellas. Si la ola no era muy grande, podríamos saltar por encima, pero si venía una gran ola, más nos valía sumergirnos en ella, esperar un poquito y volver a salir. Era la mejor manera de que no nos arrastrara. Pues así mismo podemos actuar con emociones intensas. Ese es el significado de aceptar nuestras emociones. El poner nuestra mano en la zona del cuerpo donde sintamos una actividad fisiológica, como la taquicardia o la presión en el pecho, que pongamos nombre a la emoción, diciendo «esto que estoy sintiendo es...» o hacer ejercicios de meditación, como el de «calma, suaviza y permite», nos ayudará a sumergirnos en la emoción sin dejarnos arrastrar por ella. Evitar que las emociones se conviertan en sentimientos es la mejor forma de gestión emocional.

Interpretación de un estímulo
Seguro que habrás visto alguna vez los típicos dibujos de ejercicios perceptivos en los que, según cómo lo mires, puedes ver una mujer vieja o una mujer joven, dos caras que se miran o una copa. Estos dibujos, más allá de lo divertidos que pueden llegar a ser, tienen una trascendencia importante ya que nos sirven a los psicólogos para explicar que, como diría el poeta Campoamor, «en este mundo traidor nada es verdad ni es mentira, todo es según del color del cristal con que se mira». Ese cristal es nuestra percepción. La forma en la que vemos o interpretamos las cosas depende de muchos factores como, por ejemplo, la educación que hemos recibido o la cultura en la que vivimos (no se percibe igual a una mujer con el cabello suelto en cualquier ciudad de occidente que en un país como Afganistán) y también se relaciona con nuestra experiencia de vida, nuestros valores y nuestra propia autovaloración. Por ejemplo, si tengo una buena autoestima y me siento guapa y atractiva, el hecho de que una persona se me quede mirando puedo interpretarlo como que está admirando mi belleza y es posible que me lleve a pensar que he ligado, mientras que si mi autoestima es baja, lo interpretaré como que debo tener una mancha en la ropa o que quizá lo conozca y no lo recuerdo o que me quiere robar. Por lo tanto, ante una misma situación (que alguien me mire en la calle) puedo sentir alegría, vergüenza o miedo. De ahí que las situaciones y las emociones no tienen una relación causa-efecto, siempre están mediatizadas por nuestra percepción. Hay personas que ante un cambio importante en sus vidas se hunden, mientras que otras lo consideran como una oportunidad de mejora. Este es otro motivo más para validar las emociones de los demás. Las percepciones son como las huellas dactilares, cada persona tiene las suyas propias.

Dentro de lo que supone un proceso de crecimiento personal, en el marco de un contexto terapéutico, es muy interesante que nos paremos a reflexionar por qué unas determinadas situaciones nos generan unas emociones concretas. Esta reflexión nos ayuda a analizar exactamente nuestra percepción, que aun inconsciente, nos da claves para conocer mejor nuestras estructuras internas. Si en una discusión con mi pareja siento una tristeza profunda o un enorme enfado, y sabiendo ya que no son emociones que haya elegido, sino que han aparecido fruto de mi percepción, tendré que preguntarme cuál es la causa de que mi sistema haya optado por una emoción concreta en esa situación. Centrarme en tratar de averiguar esa causa me permite, por un lado, tener un *locus* de control interno, es decir, centrarme en lo que puedo cambiar, o sea en mí misma. Si no lo hago así, me centraré más en mi pareja, en cómo es, en sus reacciones, en lo que él o ella deben de cambiar, y comenzarán los reproches, agudizando aún más la crisis. Por otro lado, centrarme en analizar que lo que he sentido es tristeza, me da pistas interesantes sobre mí misma y me permite ver qué puedo cambiar en mí misma. Hemos dicho antes que la tristeza es una emoción que surge para afrontar una pérdida. Si discutir con mi pareja me pone triste (en lugar de enfadada, por ejemplo), puede ser porque esté anticipando la ruptura de la pareja. Y eso dice de mí que quizá tengo un apego ansioso o que creo que no podré superar una separación, por lo que el trabajo estaría en mi propia autonomía y en la seguridad en mí misma, no en tratar de cambiar a mi pareja.

Por lo tanto, avanzando en nuestra definición de emoción, lo que siento ante una circunstancia me dice por qué mi sistema ha elegido la emoción y para qué lo ha hecho.

Estímulo interno o externo

Como hemos estado viendo hasta ahora (y seguiremos viendo), nuestras emociones están relacionadas directamente con nuestra parte más «animal». Todos los animales sienten, de alguna manera, ciertas reacciones adaptativas que les permiten la supervivencia. Desde nuestra posición de animales racionales, los seres humanos interpretamos las emociones también cognitivamente dándoles una etiqueta específica.

En los perros, por ejemplo, podemos ver su emoción (o al menos lo que nosotros interpretamos como emoción) de alegría cuando llegamos a casa, de enfado cuando algún otro perro le ataca o de tristeza, si no les hacemos caso. Todas esas emociones que podrían parecer casi humanas son reacciones a estímulos externos. El perro necesita vernos entrar para estar alegres. Si yo sé que un amigo va a venir a casa, puedo sentir ahora la emoción de alegría con prácticamente la misma intensidad que la sentiré llegado el momento. Y eso es lo que más diferencia nuestras reacciones emocionales humanas con las animales. Nuestro sistema es capaz de desplegar toda la cadena de reacciones emocionales solo con el pensamiento. De ahí que hablemos de estímulos internos. Los pensamientos intrusivos anticipatorios propios de la ansiedad o los pensamientos catastrofistas propios de estados depresivos serían ejemplos de estos estímulos internos. El divulgador Eduard Punset decía que nuestro sistema límbico (responsable de la generación de emociones) está dentro de nuestra cabeza y no tiene contacto directo con el exterior, se cree lo que le decimos. Si me digo a mí misma «no voy a ser capaz de hacerlo», es posible que mi mente empiece a generar la emoción de frustración, con todo lo que ello conlleva, antes incluso de enfrentarme a la situación. De esa manera, cuando trate de hacer lo que me había propuesto, mi mente, que trata de tener siempre razón, buscará pistas que apoyen nuestra teoría de «no voy a poder» y, ¡adivina!, no podré. Este proceso se conoce como profecía autocumplida.

Pero no solo los pensamientos generan emociones, también los recuerdos pueden hacerlo. Es lo que ocurre en los traumas, donde un recuerdo activado por una imagen, una persona o un lugar nos trasporta emocionalmente al momento en el que ocurrió el hecho, experimentando ahora las mismas emociones, sensaciones físicas, tendencias de actuación y pensamientos que sentíamos en el momento que ocurrió la situación que generó el trauma. De una manera quizá menos intensa, nos pasa a menudo cuando recordamos un momento en el que experimentamos vergüenza, miedo o alegría. Nuestro sistema busca la información y lo que encuentra no es solo la imagen, sino también las emociones que almacenamos en ese momento.

En la película *Inside Out* (traducida al castellano en España como *Del Revés*), los recuerdos son como unas bolitas que se crean en el interior de nuestro cerebro. Es una imagen muy gráfica que nos va a permitir profundizar en lo que estamos comentando. Imagina que vas a cruzar la calle y ves que un coche viene directo hacia ti. La reacción (ya sabes, involuntaria, adaptativa y rápida) hace que experimentes taquicardia y tensión muscular para salir corriendo, la emoción de miedo y el pensamiento de «voy a morir». Toda esa información, unida a la imagen del coche yendo hacia ti, se mete en una de esas «bolas», es decir, constituye un recuerdo. Si todo va bien, por la noche, en la fase del sueño en la que sueñas, tu cerebro cogerá esa bola y la guardará en el almacén (memoria a largo plazo). De esa manera estará disponible, recordarás que un día casi te atropella un coche, pero podrás contarlo con distancia emocional, es decir, sin experimentar el miedo de nuevo. Pero ¿qué pasa si la bola no se guarda bien? Es posible que tu cerebro interprete que la situación ha sido muy grave, has estado a punto de morir y has salvado la vida, así que mejor será no guardar la bola y tenerla disponible para que si otra vez nos vuelve a ocurrir, podamos hacer lo mismo que hemos hecho esta vez. Hemos salvado la vida, así que esa información es importante tenerla disponible. En esas circunstancias, es posible que la próxima vez que vayas a cruzar la calle por ese mismo sitio, o incluso por otra calle distinta, tu cerebro tire de archivo, abra la bola y al abrirla, como si de la caja de Pandora se tratara, salga la sensación física de taquicardia, la emoción de miedo y el pensamiento «voy a morir» con la misma intensidad que la vez pasada. Esta es una respuesta traumática.

El cerebro también tiene la opción de recordar las emociones más agradables. Veremos en el apartado de los mecanismos de regulación cómo el recordar momentos en los que nos hemos sentido tranquilos, como una playa o el abrazo de una persona querida, pueden volver a traernos las mismas emociones de seguridad y calma. También el recordar momentos en los que nos hemos sentido orgullosos de nosotros mismos, eficaces o competentes, puede traer las experiencias de logro. Solo es cuestión de que aprendamos a utilizar de forma adecuada nuestra mente. Ten en cuenta que el sistema está preparado para lo peor, es lo que nos permite sobrevivir. Traer recuerdos de momentos agradables es un esfuerzo. Recordar, es volver a pasar por el corazón (re-cordar).

Variables fisiológicas

Sentir un nudo en la garganta o en el estómago, una presión en el pecho o notar que el corazón late más rápido son signos que podemos identificar fácilmente con las emociones que sentimos en un determinado momento. El estudio del componente fisiológico de las emociones siempre ha suscitado interés, y cierta polémica, en el campo de la psicología. A finales del siglo XIX, William James y Carl Lange postularon una teoría según la cual lo primero que ocurre ante un estímulo es una reacción fisiológica (por ejemplo, aumento de la frecuencia cardíaca o tensión muscular) que la corteza cerebral interpreta «mentalmente» poniéndole la etiqueta de miedo. Desde este enfoque, conocido como la teoría James-Lange, primero ocurren las señales fisiológicas y después viene la emoción con su respuesta conductual posterior. No tardaron en aparecer críticas a esta teoría y de forma casi simultánea, dos fisiólogos, Walter Cannon y Philip Bard, postularon la teoría contraria (teoría Cannon-Bard), es decir, lo primero que surge es la emoción y el sistema nervioso autónomo responde generando cambios a nivel fisiológico. Más de un siglo después aún no nos hemos puesto de acuerdo en cuál de estas dos teorías es la cierta (probablemente las dos los sean).

Lo que está claro es que, sea antes la gallina o el huevo, no podemos ni debemos obviar este componente fisiológico. Hablar de las emociones solo en el campo psicológico o cognitivo es limitarnos a un enfoque casi medieval en el que el cuerpo y la mente (o el alma) eran dos entidades diferenciadas. Ahora ya sabemos que somos una unidad y que lo que pasa por la mente afecta al cuerpo y lo que pasa por el cuerpo afecta a la mente.

Otra diferencia importante entre estas teorías era que para la Teoría de James-Lange cada emoción se reflejaría en el cuerpo de una manera específica, mientras que para Cannon-Bard las diferencias serían en todo caso personales, no dependientes de la emoción. Aquí, una vez más parece que ambas teorías tienen razón. Parece que las emociones agradables, como la alegría o la sorpresa, provocan un aumento leve de la tasa cardiaca, mientras que las emociones desagradables (enfado o miedo) conllevan un aumento brusco de la frecuencia cardíaca. En función de variables más personales, como nuestras experiencias previas o el patrón de personalidad, estos cambios podrían llegar a ser más o menos intensos.

Más recientemente, en 2013, un equipo de investigadores finlandés llevó a cabo un estudio con 701 personas de Europa y Asia occidental pidiéndoles que colorearan en el dibujo de una silueta humana la zona del cuerpo donde sentían una activación ante diferentes emociones[1]. Concluyeron que «las emociones están representadas en el sistema somatosensorial como mapas somatotópicos categóricos culturalmente universales», es decir, siguiendo la Teoría de James-Lange, todas las personas, con independencia de la cultura y de variables individuales, sentimos los mismos cambios somáticos en función de emociones específicas: el enfado en las manos y en la mandíbula, el miedo en la boca del estómago, la tristeza en la garganta, la felicidad en medio del pecho, la vergüenza en las mejillas, etc. Por darle un poco de espacio a la teoría de Cannon-Bard, podemos presuponer que las variables personales harán que estas sensaciones sean más o menos intensas.

Variables cognitivas

Como hemos visto hasta ahora, y veremos en el capítulo dedicado al estrés, nuestras reacciones emocionales no son demasiado diferentes a las de los animales. Lo único que nos diferencia sería el componente cognitivo que antes o después le damos a nuestras emociones. El pensar acerca de nuestras emociones, ponerle un nombre, nos permite avanzar en nuestro desarrollo personal, ya que es a través de este componente cognitivo cuando puedo descubrir qué es exactamente lo que siento y para qué. De ahí la importancia de desarrollar un buen vocabulario emocional que nos permita no tener que responder con un escueto «bien» o «mal» a la pregunta de cómo te sientes. Los

---

1. https://www.pnas.org/doi/pdf/10.1073/pnas.1321664111

matices entre estar frustrado e impotente, o entre estar triste o melancólico, son suficientemente importantes como para que nos detengamos en analizar estas sutiles diferencias. Materiales como *Universo de las Emociones* de Rafael Bisquerra pueden ayudarnos mucho en esta tarea.

Lo que pensamos no solo sobre la emoción que hemos tenido, sino sobre todo sobre nosotros mismos sería una variable fundamental que nos lleva a sentir una emoción u otra y que determinaría también la intensidad de la emoción. En función del modelo teórico de psicología en el que nos movamos, los pensamientos asociados a nuestras emociones serán definidos de diferente manera. A mi modo de ver, es muy clarificador poder utilizar para el análisis de nuestra reacción emocional el enfoque que utilizamos en terapia EMDR (cuyas siglas corresponden al acrónimo *Eye Movement Desensitization and Reprocessing*), donde nos basamos en las creencias negativas asociadas a uno mismo que van unidas a las emociones que sentimos. La idea sería preguntarnos ante las diferentes emociones, ¿qué dice esta emoción de mí? O más bien, el hecho de que yo sienta esta emoción, ¿qué dice de mí? De esta manera, los pensamientos que puedo tener ante emociones desagradables estarían relacionados con uno de estos cuatro tipos de creencias:

- Autoconcepto: hay algo malo en mí, soy tonta, soy inadecuado, no soy querible, soy poco importante, soy torpe, debo ser perfecto, soy inútil, etc.
- Control: no puedo controlarlo, no puedo hacer nada, estoy impotente, voy a fracasar, no tengo opciones, no puedo tener éxito, etc.
- Vulnerabilidad: estoy en peligro, no puedo confiar en nadie, no puedo sentir mis emociones con seguridad, no puedo protegerme, etc.
- Responsabilidad: es culpa mía, tendría que haber hecho algo (diferente), soy mala persona, debí haber sabido hacerlo mejor, etc.

Otro hecho que tener en cuenta en este componente cognitivo es que lo que pensamos sobre la emoción que hemos sentido ante un estímulo (la llamaremos emoción primaria) puede generar otra emoción (emoción secundaria). Por ejemplo, imagina que unos padres siempre corrigieron la emoción de tristeza de su hijo, por ser inadecuada para un niño, diciéndole frases como «los niños no lloran». El niño crece con la sensación de que llorar está mal y que además sus padres desaprueban la emoción de tristeza. Por lo tanto, llega a la conclusión «no está bien estar triste». Además, puede provocar un rechazo por parte de los padres, así que bloquea por completo la emoción de tristeza. ¿Qué puede ocurrir cuando ese niño crezca y alguna situación active su emoción de tristeza? Pues posiblemente que se enfade con él mismo, «¡no debo sentirme así!». Por lo tanto, el pensar acerca de la tristeza que siente (emoción primaria) le generará enfado (emoción secundaria). Piensa si te has enfadado alguna vez por estar triste o si te ha entristecido enfadarte. Es un ejercicio interesante.

Variables comportamentales

Cuando hablamos de las variables comportamentales, hacemos referencia a la expresión de las emociones, es decir, a la parte visible, lo que los demás pueden ver de mi emoción. Sería la parte visible del iceberg, mientras que los componentes fisiológicos y cognitivos estarían (o podrían seguir) ocultos.

En esa parte visible de las emociones, lo primero en lo que podemos pensar es en la expresión facial. El psicólogo Paul Eckman desarrolló en los años sesenta del siglo XX una investigación que fue pionera analizando la expresión facial de distintas emociones en personas de diferentes culturas. Su primera conclusión fue que la manera en la que expresamos a través de la cara las emociones básicas (según él siete: alegría, miedo, tristeza, enfado, sorpresa, asco y desagrado) es universal y por lo tanto innata. Esta conclusión, que actualmente nos puede parecer una obviedad, fue en su momento una auténtica revolución. A partir de ahí desarrolló estudios sobre cómo 46 músculos de la cara se combinan para generar más de 10.000 expresiones diferentes. En la serie policiaca *Lie to me* (*Miénteme*), el Dr. Carl Lightman, protagonizado por el actor Tim Roth, comenta en uno de los capítulos que si aprendes todas las combinaciones posibles de los músculos de la cara, ya no necesitas polígrafo. Estas expresiones, en numerosas ocasiones, son muy rápidas, casi imperceptibles, aunque el cerebro es capaz de interpretarlas y reaccionar ante las microexpresiones de otra persona si están presentes durante cuatro milésimas de segundo. A modo de curiosidad, te contaré que Eckman acabó siendo consultor para películas de animación de Pixar y Disney.

Sin embargo, las expresiones de la cara no son el único reflejo visible de las emociones. También lo sería el llanto, el grito, el portazo tras una discusión. El psicólogo especializado en trauma Pete Walker habla de cuatro conductas que serían respuestas de nuestro sistema nervioso a disparadores traumáticos y que se pueden ver en cualquier otra reacción conductual a emociones intensas. Estas cuatro conductas se conocen como las 4 «efes»:

- *Fight* (lucha): respuestas de ira como gritar, golpear, etc.
- *Flight* (huida): evita conflictos. En mitad de una discusión se iría. Es más propenso a escapar de las emociones desagradables a través de conductas adictivas.
- *Freeze* (congelación): se aísla ante las situaciones difíciles. Evita el contacto con los demás. No toma decisiones.
- *Fawn* (fusión): complace a los demás, se rebaja en una discusión, acepta lo que dice la otra persona no poniendo límites.

Otra variable comportamental de las emociones sería la postura del cuerpo. Cada emoción se expresa a través de nuestra posición corporal de una manera distinta. Una sorpresa positiva nos hace acercar nuestro cuerpo al estímulo que la ha causado, el miedo nos haría alejarnos y taparnos la boca manteniendo los brazos pegados al cuerpo protegiendo la zona del corazón, la tristeza nos hace taparnos la cara con las manos, bajar los hombros y encogernos. La psicóloga social Amy Cuddy ha desarrollado unas investigaciones muy interesantes sobre lo que ha llamado las posturas de poder. Según su teoría, la relación entre la emoción y la posición corporal es bidireccional, es decir, la emoción hace que nuestro cuerpo adopte una postura concreta, pero también poner una postura concreta genera una emoción en nuestro cuerpo.

Para demostrarlo, escogió a un grupo de personas y les midió sus niveles de cortisol (la hormona implicada en el estrés) y testosterona (la llamada hormona del poder). Dividió al grupo en dos. A una de las dos mitades les propuso que se mantuvieran durante dos minutos en posturas muy concretas, todas ellas tenían en común tener los hombros hacia detrás, los brazos abiertos y tener el cuerpo erguido. Una postura era sentado en una silla, con las piernas encima de la mesa y las manos entrelazadas detrás de la nuca. Otra era de pie, con las manos apoyadas en una mesa, los brazos separados y la cabeza erguida mirando al frente. La tercera postura era similar a la de Wonder Woman, de pie, piernas abiertas, brazos en jarra con los puños apoyados en la cadera, mirada al frente y cabeza alta. El otro grupo debía mantenerse en una posición neutral. Pasados los dos minutos volvió a medir los niveles de cortisol y testosterona y comprobó que las personas que habían estado en alguna de las posturas de poder habían disminuido sus niveles de cortisol y aumentado los de testosterona, es decir, se sentían menos nerviosos y más poderosos. Las personas del grupo control no mostraban variaciones en sus niveles hormonales. Además, completó su estudio haciendo que participaran en un juego de apuestas. Las personas que habían estado con las posturas de poder apostaron de forma más arriesgada que las del grupo control, ¿se habían vuelto más valientes? Esta investigación se ha replicado en numerosas ocasiones arrojando siempre los mismos resultados. Podéis encontrar investigaciones muy interesantes en este tema en el libro de Amy Cuddy titulado *Presencia*.

Miedo, estrés y ansiedad

Miedo

El miedo es una emoción básica y, por tanto, necesaria. Descendemos de los antepasados que por miedo se ocultaron en las cuevas. Aquellos primeros homínidos valientes que decidieron dormir a la intemperie, disfrutando de la suave brisa de la sabana, muy probablemente no sobrevivieron. Si vas por una calle oscura y desierta, a las tres de la madrugada y oyes unos pasos detrás de ti, es mejor tener miedo. Por lo tanto, el problema no es la emoción en sí, sino nuestra manera de gestionarla. Gestión que, como en el resto de nuestro repertorio emocional, aprendemos a regular en la infancia viendo cómo nuestras figuras de apego se autorregulan y nos corregulan ante situaciones que generan miedo.

Los seres humanos nacemos evolutivamente «a medio hacer». Es lógico si pensamos que para tener el grado de autonomía que una cebra tiene al nacer, deberíamos salir de la barriga de nuestra madre pudiendo caminar y siendo autónomos en la búsqueda de alimento. Pero para eso tendríamos que nacer con al menos dos años, y un embarazo de casi tres años sería algo complicado y lo sería aún más que la naturaleza nos hubiera tenido que proveer de un canal del parto compatible con las dimensiones de una personita de dos años. Así que, la naturaleza hace una especie de pacto con nosotros y, como si de canguros se tratara, nos saca del horno antes de tiempo para que mamá y papá nos cuiden, nos alimenten, nos protejan del frío y de los depredadores hasta que seamos autónomos (tiempo que, perdón por la broma, parece extenderse hasta los 25 años).

Si estos cuidados no sucedieran, el bebé estaría en peligro de muerte. Por lo tanto, una emoción que se activa de forma muy temprana es precisamente la del miedo. Si tengo hambre y no me dan de comer, voy a morir. ¡Qué miedo! Voy a comunicar esta necesidad llorando todo lo fuerte que pueda hasta conseguir alimento. Si mamá o papá están emocionalmente disponibles, escucharán mi llanto y me darán de comer. Yo me calmaré y todo estará bien. Pero si ellos están muy ocupados o no captan de forma adecuada la señal, y en lugar de comer tratan de que me duerma, yo tendré que llorar más fuerte, ellos se pondrán más nerviosos y entraremos en un bucle del que espero que otro adulto (quizá la abuela) me saque pronto.

Ahora imaginemos a un niño de unos seis años en un parque infantil. Mamá o papá están sentados en el banco. Hasta ese momento, todo ha estado bien. Los adultos han respondido de forma más o menos adecuada a las demandas de la crianza, han puesto límites firmes, claros, coherentes y siempre los mismos, han regulado las emociones más desagradables con tacto y de forma autorregulada (predicando con el ejemplo). Si todo ha estado bien, el niño podrá ir a jugar al columpio. Sabe seguro que, como hasta ahora, ellos están ahí. No hace falta estar cerca. Puede explorar y confía en que no lo van a abandonar. Pero ¿qué pasa si la crianza no ha sido tan buena? ¿Si por circunstancias han estado desregulados, no han atendido bien las necesidades del niño, se han desbordado o se han mostrado especialmente fríos y distantes? Que aparece el miedo. O, mejor dicho, se mantiene el miedo originado en la etapa de bebé cuando las necesidades básicas y emocionales no se han cubierto de forma adecuada, o directamente no se han cubierto, generando un estado de activación permanente. Ante ese miedo hay dos reacciones posibles: en la primera, el niño se quedará agarrado a la pierna de mamá o papá, no querrá jugar ni acercarse a otros niños, es mejor no explorar no vaya a ser que al volver ellos no estén, como no han estado (al menos emocionalmente) en otras ocasiones. La segunda reacción posible, la huida, el distanciamiento. El niño se va a jugar. Poco le importa si mamá o papá siguen o no en el banco. No hay contacto emocional ni físico. No hay diversión ni alegría. Nada. Estas tres posibles situaciones son ejemplos de apego seguro, apego ansioso y apego evitativo, respectivamente.

El miedo está presente a lo largo de toda la infancia: a los ruidos fuertes en los bebés, a los extraños con un año, a la separación de los padres con dos años, a la oscuridad con tres años, a los animales con cuatro años, a las cosas sobrenaturales con cinco o seis años... miedos que se vuelven más complejos y más sociales conforme el niño se hace mayor y empieza a aparecer el temor a hacer el ridículo o a no encajar. Si no nos han enseñado qué hacer con estos miedos, esta emoción se queda a vivir en nosotros, empieza a formar parte de la manera natural de funcionamiento de nuestro cerebro y tenemos cierta predisposición a las fobias, al TOC o a padecer estados ansiosos de manera constante. En ese momento, el miedo deja de ser una respuesta emocional adaptativa para convertirse en un problema de salud mental.

En este punto, y en contra de lo que solemos suponer, lo contrario del miedo (del estrés y de la ansiedad) no es la calma, si no la seguridad. Como aconseja Anabel González en su libro ¿Por dónde se sale?, hacer un repaso de cuáles eran nuestros miedos en la infancia, cómo nuestras figuras de apego los regulaban y cómo aprendimos a lidiar con ellos, nos da muchas pistas para saber en qué punto está nuestro sistema nervioso. Si con independencia de aprender estrategias de calma, como la respiración o la relajación muscular, tratamos de aumentar la sensación de sentirnos queridos y seguros, el miedo disminuirá.

Estrés

Imagina una cebra pastando tranquilamente en la sabana africana. De repente, ve a una leona que se dirige rápidamente hacia ella. Solo hay una opción para nuestra amiga la cebra, correr todo lo que pueda. Defenderse no es una opción, así que sus patas empezarán a tensarse todo lo posible para tener fuerza para correr y, para ello, su corazón bombeará sangre a gran velocidad mientras que sus pulmones acompañarán el ritmo acelerado del corazón, provocando una respiración rápida y por lo tanto superficial. Tensión muscular, taquicardia e hiperventilación. Te suena ¿verdad? Pues sí, podríamos decir que la cebra está estresada.

Y es que el estrés se podría definir como una respuesta o reacción puntual y específica a una situación que, por algún motivo, nuestro sistema nervioso considera una amenaza para nuestra supervivencia. Ante estas amenazas solo tenemos dos opciones: defendernos o huir. La decisión de cuál de estas dos reacciones utilizaremos depende de muchos factores, como veremos más adelante, y en todo caso es una decisión inconsciente. La única diferencia entre la cebra y nosotros es el disparador de las reacciones de estrés. La cebra tiene que ver a la leona para «estresarse», a nosotros, en cambio, nos basta con entrar en una clase demasiado bulliciosa, tener que preparar una cantidad enorme de papeleo en poco tiempo o pensar en cómo vamos a afrontar esa reunión complicada de departamento. En definitiva, es como si hubiera leones por todas partes.

Quizá estés pensando que a ti, un poquito de estrés, no te viene mal. Te ayuda a ponerte en marcha, a saltar de la cama cuando sabes que tienes que hacer algo importante o sientes que te concentras mejor cuando tienes poco tiempo para preparar esos documentos. A ese «estrés bueno» le llamamos *eustrés*. Sin embargo, si empezamos a tener un nivel de estrés demasiado alto o nuestros picos de activación aparecen con demasiada frecuencia, hablaríamos de *distrés* y nos acarrearía serias consecuencias a nivel físico, psicológico y social.

Veamos este proceso con un poco más de detalle. Imagina a la cebra viendo a la leona, o a ti delante de esa clase complicada. El cerebro detecta una amenaza (física para nuestra cebra, emocional para nosotros). En ese momento, el hipotálamo da la voz de alerta y envía una señal que activa el sistema nervioso simpático. Es como un interruptor. Imagina al hipotálamo bajando una pesada palanca que activa una alarma en el cerebro. Esta alarma es «escuchada» por la glándula suprarrenal (sí, encima del riñón), que empieza a segregar adrenalina, también conocida como epinefrina, encargada de aumentar la tensión arterial y el ritmo del corazón, generar un efecto broncodilatador permitiendo una mayor entrada de aire en los pulmones, dilatando la pupila, contrayendo los esfínteres, haciendo que el hígado libere glucosa para tener energía suficiente e inhibiendo respuestas que no van a ser necesarias en ese momento y que solo supondrían un gasto energético el mantenerlas, como la digestión y la respuesta inmunológica. Total, ¿de qué serviría a nuestra cebra hacer la digestión de la hierba que se estaba comiendo o generar defensas que le prevengan de un resfriado en unos días si probablemente no sobreviva al ataque de la leona?

Junto con la adrenalina se libera cortisol. Esta sustancia se libera de forma más lenta que la adrenalina y se mantiene más a lo largo del tiempo. Para que nos hagamos una idea, la adrenalina es la reacción rápida que activa al cuerpo para la respuesta más inmediata, mientras que el cortisol permite al cuerpo mantener un nivel de activación continuo por lo que pudiera pasar. En el caso del cortisol, cuando el hipotálamo activa la alarma, una hormona llamada corticotropina se dirige a la hipófisis (situada en la base del cerebro) para que esta genere otra hormona, llamada ACTH (adrenocorticotropina), que se dirige a la glándula suprarrenal para que libere el cortisol.

Podrás imaginar que si la función principal del cortisol es mantener el estado de alerta en el cuerpo, sostenido en el tiempo sus efectos pueden llegar a ser bastante perjudiciales. El cortisol se encarga de que la cantidad de glucosa no baje para permitir al cuerpo mantener la energía suficiente por si tenemos que seguir huyendo o defendiéndonos, mantiene bajo mínimos el sistema inmune para no gastar demasiada energía, almacena grasa sobre todo, en el abdomen, por si acaso la fuéramos a necesitar, provoca que la capacidad de atención, concentración y memoria no esté del todo disponible ya que el cerebro debe de seguir atento a las señales de que la leona puede estar cerca y no entretenerse aprendiendo cosas nuevas o viendo una serie tranquilamente.

Como ves, el cerebro (a través del hipotálamo y la hipófisis) y el riñón son los encargados de prepararnos para la acción ante situaciones de estrés. Estos procesos que hemos explicado constituyen el lógicamente llamado eje hipotálamo-hipófisis-suprarrenal.

El interruptor

Una vez que hemos pasado la situación estresante, el cerebro desactiva el sistema nervioso simpático (vuelve a subir la pesada palanca que el hipotálamo activó para dar la voz de alerta) y vuelve a coger las riendas el sistema nervioso parasimpático, encargado de la recuperación, el estado de calma, la adecuada digestión, etc. Es decir, podemos descansar y volver a pastar en la sabana, al menos hasta que la leona vuelva a aparecer.

La capacidad de «bajar la palanca», volviendo al estado de calma tras haber tenido una respuesta de estrés, es responsabilidad del llamado nervio vago. Su nombre no tiene relación con el hecho de que nos vuelva «vagos». Proviene del latín *Nervus Vagus,* vocablo que está relacionado con la palabra «deambular» ya que vaga por todo el cuerpo conectando el cerebro con los órganos más importantes como el corazón, el hígado, los pulmones, intestino, etc. Gracias a la liberación de sustancias como la oxitocina o la prolactina, el nervio vago nos ayuda a calmarnos.

Me gustaría que te fijaras bien en este proceso: se activa el sistema nervioso simpático y el corazón empieza a latir con rapidez, se activa el sistema nervioso parasimpático y el corazón va más lento. Vamos a poner un número de latidos por minuto como ejemplo. Imagina que en estado de calma tus pulsaciones están a 70 ppm (pulsaciones por minuto), mientras que cuando te estresas suben a 120 ppm. Pues bien, tendrías una diferencia de 50 pulsaciones por minuto entre un estado y otro. A esa diferencia la vamos a llamar *variabilidad de la frecuencia cardiaca.* Cuanto mayor sea esa diferencia, significa que tu nervio vago está haciendo muy bien su trabajo, permitiendo que te estreses para responder a la amenaza y que vuelvas a relajarte rápidamente cuando ya no esté esa amenaza. Por lo tanto, estresarte no solo no es malo, sino que es recomendable (para responder a las amenazas del entorno) siempre y cuando tengas educado a tu nervio vago para que te permita relajarte una vez que el peligro haya pasado.

Pero ¿qué ocurre si no nos permitimos, no sabemos o no podemos relajarnos? Pues que esa variabilidad cardiaca cada vez será menor. Si te estresas con mucha frecuencia, tu cerebro puede «decidir» no relajarse del todo, total ¿para qué? Es como si tu cerebro te mandara a paseo y te dijera «mira, no voy a relajarme porque sé que enseguida me vas a hacer que vuelva a estresarme, así que voy a subir las pulsaciones a 90. De esta manera, a la próxima situación de estrés voy a responder más rápido y alcanzaré enseguida las 120 pulsaciones». Ya hemos reducido la variabilidad cardiaca de 50 puntos a 30. Te puedes imaginar lo que pasa a continuación. Si esta estrategia no resulta del todo útil porque seguimos estresándonos, nuestro sistema seguirá reduciendo esa variabilidad cardiaca pasando a 20 puntos, 10 puntos... hasta hacer que nuestras pulsaciones en estado de reposo, cuando no haya una amenaza a la vista, sea de 120. ¿Cuándo notaremos que estamos con las pulsaciones tan altas? Pues justo cuando menos falta nos haga. Si tras un duro día de trabajo, llegamos a casa y nos tumbamos en el sofá a ver una película, notaremos las 120 pulsaciones por minuto que hemos tenido durante todo el día, pero que, por nuestro ritmo constante, no nos hemos dado cuenta. Pero ahí, tumbados en el sofá diremos «tengo taquicardia» y justo en ese momento será cuando la ansiedad se haya instalado en nosotros.

Ansiedad

De alguna manera, podríamos decir que la ansiedad es el mantenimiento del estrés a largo plazo. Es lógico pensar que ese esfuerzo de tensión constante acabamos por pagarlo. Si tenemos una tensión muscular mantenida en el tiempo, al final nuestros músculos se resentirán y empezaremos a notar calambres o dolores musculares. Si nuestra digestión se ha paralizado o no funciona del todo bien porque, como comentábamos antes, no es necesario digerir alimentos si vamos a morir en las garras de un león, empezaremos a notar molestias gástricas constantes, la comida nos sentará mal y nuestro estómago es posible que libere más ácidos para tratar de recoger nutrientes cuánto antes, lo que nos provocará una úlcera. Nuestro sistema inmune, altamente debilitado, no estará suficientemente preparado para hacerle frente a una invasión de virus y pillaremos resfriados o gripes fácilmente. ¿Eres de los docentes que se constipa el primer día de vacaciones de Navidad y que mejora el 7 de enero? Bienvenido a la gripe docente, provocada por ese estado de tensión constante al que llamamos ansiedad.

Evidentemente, esos no serán los únicos síntomas con los que tenemos que lidiar en estados de ansiedad, unos serán físicos como la caída del cabello (no nos hace falta pelo si la leona nos va a comer), dolores de cabeza provocados por la tensión muscular de la zona de las sienes y la mandíbula o problemas para dormir (cualquiera duerme si la leona puede venir en cualquier momento, ¿verdad?). Este estado de alerta constante puede comprobarse también con los sobresaltos. Si un portazo o un ruido te hacen saltar de la silla, es posible que estés en un estado de ansiedad.

Otros síntomas los notaremos en la esfera más psicológica y estarán relacionados con nuestros pensamientos. Volvemos a ser la cebra. Vemos a la leona a varios cientos de metros delante de nosotros, mirándonos amenazadoramente, sabes que en cualquier momento puede empezar a correr hacia ti, mejor no perderla de vista, ¿verdad? Nada más existe alrededor tuyo, solo la leona, pones toda tu atención en ella. Lo mismo ocurre cuando lo que vemos es un problema, no podemos dejar de mirarlo. Le damos vueltas una y otra vez, lo mantenemos en nuestra mente, activado constantemente. Esta rumiación del pensamiento la sentimos como una voz dentro de nosotros que nos advierte de todos los peligros futuros con frases que suelen empezar con «Y si...». ¿Y si no consigo hacerlo bien? ¿Y si me quedo en blanco? ¿Y si ese proyecto de investigación no sale? ¿Y si...? Hay veces que estos pensamientos empiezan a encadenarse y nuestro «guionista interno» acaba trayéndonos una auténtica serie de Netflix con varias temporadas: si no me da tiempo a preparar la clase bien, me voy a quedar en blanco, los alumnos se van a reír de mí, acabarán poniéndome un mote desagradable, se reirán de mí cuando vaya por el pasillo, llegará a oídos del decano que empezará a no tomarme en serio, los compañeros del departamento me aislarán, acabaré con una depresión, con medicación, sin poder salir de casa. Terrible escenario, sin duda. Algo que solo ha pasado en nuestra imaginación, pero que hemos experimentado emocionalmente con la misma angustia que si nos hubiera ocurrido en la realidad.

Es lógico pensar que si nuestra mente está tan entretenida con pensamientos rumiativos y catastrofistas, no está disponible para concentrarse, memorizar o mantener la atención de forma sostenida mientras leemos, por ejemplo. Es como si toda la plantilla del cerebro estuviera ocupada apagando el incendio de la ansiedad y no hubiera nadie disponible para ocuparse de asuntos más mundanos.

¿Y si no puedo huir o defenderme?

Decíamos que el estrés nos prepara para defendernos o huir, pero ¿qué pasa cuando ninguna de esas dos opciones es posible?

Cuando algunos animales se sienten amenazados por un depredador «saben» que de nada les servirá correr y menos aún tratar de atacar. Vamos a imaginar ahora que ya no eres una cebra. Eres una zarigüeya. Y ves a tu depredador acercándose (un zorro, por ejemplo). No tienes opciones. Hazte el muerto. Los zorros no son carroñeros. Se acercará, te olerá y al ver que no te mueves, se irá por donde ha venido y ahí tendrás tu oportunidad de correr todo lo rápido que puedas. Este mecanismo de defensa se conoce como tanatosis y no solo se da en reptiles. En este proceso estaría implicado el nervio vago, ese interruptor que permite pasar de un estado de tensión a uno de relajación y que en estos casos tendría una especie de cortocircuito (para entendernos). Esto es al menos lo que defiende la Teoría polivagal de Porges, que ciertamente no recoge el consenso de toda la comunidad científica.

Según esta teoría, el sistema nervioso autónomo tendría tres ramas distintas, atendiendo a las tres respuestas que hemos descrito:

- La rama parasimpática ventral del nervio vago estaría relacionada con el estado de relajación o tranquilidad.
- La rama simpática se activa para luchar o huir.
- La rama parasimpática dorsal del nervio vago estaría relacionada con la inmovilidad que nos provoca el no poder hacer nada (huir o defendernos) en una situación.

Un organismo que funcione de forma óptima podrá pasar de un estado a otro (activar cada una de estas ramas) cuando sea necesario. El interruptor funcionará sin problemas. Pero si la persona ha tenido una situación de mucho sufrimiento (un trauma), el interruptor empieza a fallar. Activar el estado de relajación será interpretado como todo un peligro, así que nos quedamos en modo permanente de activación, como si estuviéramos todo el tiempo viendo a la leona, y si la cosa además se complica con un atasco, una sobrecarga de trabajo o una discusión con nuestra pareja, se activará la única otra opción disponible, la de la inmovilidad y nos quedaremos totalmente bloqueados, sin capacidad de repuesta. Este fallo en el interruptor no solo explicaría el mantenimiento de la ansiedad a largo plazo, sino que además, el hecho de que no nos «recuperemos» tras situaciones de estrés prolongado y que nuestro sistema siga activado, provocaría un «desgaste» que podría dar lugar al primer paso para el desarrollo del *burnout*.

Estar «quemado»

Mantenerse demasiado tiempo en este escenario de tensión constante es agotador tanto para nuestro organismo como para nuestra mente. Sobre todo, si esta situación se está dando en un entorno retador a nivel emocional, ya sea el trabajo, situaciones personales como tener que cuidar de un padre enfermo o ser deportista de alto nivel. Sea cual sea la causa, la escalada y el mantenimiento de la tensión funciona igual que el conocido símil de la rana, que si la tratamos de introducir en una olla de agua hirviendo saltará para huir, pero si la ponemos en la olla cuando el agua está fría y poco a poco vamos subiendo la temperatura, la rana morirá hervida sin apenas darse cuenta de lo que ha ocurrido. Así funciona el conocido como síndrome de estar quemado o *burnout*.

Este síndrome fue definido por primera vez por Freudenberger hace más de cincuenta años. Este médico psiquiatra colaboraba en una institución de Nueva York que atendía a toxicómanos. Observó que gran parte de los voluntarios que trabajaban allí perdían la energía, motivación y vitalidad iniciales apenas habían pasado poco más de dos años desde el comienzo de su actividad. Entre los indicadores que observó Freudenberger estaba el hecho de que los voluntarios se habían vuelto más fríos, menos comprensivos tratando a los pacientes con distancia emocional, padeciendo una sensación de vacío existencial que les hacía replantearse su vocación asistencial. Unos años después fueron las psicólogas sociales Cristina Maslach y Susan Jackson quienes dieron un paso más en la definición de este síndrome determinando los tres factores que lo componen: agotamiento emocional, despersonalización y falta de realización personal.

El agotamiento emocional es la sensación de no poder más psicológicamente que se experimenta también con no pocas dosis de cansancio físico. Es el primero de los síntomas de *burnout* en aparecer y se manifiesta con la sensación que puede tener una persona de sentirse fatigada cuando se levanta para ir a trabajar, de sentir que es un esfuerzo tener que enfrentarse con las personas (alumnos, pacientes, compañeros) con los que tiene que interactuar y que no se tiene energía suficiente para acabar la jornada laboral que aún no ha empezado. Es posible que a nivel inconsciente culpemos a los demás de estas sensaciones («si los estudiantes fueran más responsables y atendieran más, yo no estaría tan agotado», «si mi directora de departamento me hiciera más caso, tendría más energía para dar mi opinión en las reuniones»), y, así de esa manera, aparece el segundo síntoma del *burnout*, la despersonalización o el cinismo como algunos autores lo definen. Este síntoma está relacionado con la barrera emocional que ponemos como mecanismo de defensa. Necesito alejarme de la fuente de calor que me está abrasando, así que empiezo a encontrar datos que apoyan mi teoría de que es mejor estar lejos de la gente porque son desagradecidos, estúpidos o poco de fiar. Así que me endurezco, me deja de importar lo que les pase y los culpo de mis desgracias. Pronto daré un paso más hacia el tercer síntoma, la falta de realización personal. ¡Qué frustración! ¡Con todo lo que he tenido que hacer para estar en este trabajo y ahora me encuentro con que no ha merecido la pena! Es importante darse cuenta de que el síntoma habla de realización personal no profesional. Es decir, la sensación trasciende al hecho de no ser feliz en mi trabajo o que no me aporte lo suficiente. Tiene un tinte más amplio y se relaciona con ese vacío interno que provoca una auténtica crisis existencial. Es mi vida entera la que carece de sentido y la afectación se extiende a mi propia identidad personal. Lógicamente, de aquí a la depresión hay un paso. Como puede verse, el fuego nos ha ido consumiendo lenta pero inexorablemente.

Una de las profesiones donde aparece una mayor prevalencia del *burnout* es en la docencia. En este sentido, los factores precipitantes específicos de esta actividad profesional serían la sobrecarga burocrática, la presión por la carrera profesional, sobre todo en el ámbito universitario, la falta de recursos y los desafíos del aula, entre otros factores. Pero ¿por qué, ante las mismas condiciones, unas personas desarrollan *burnout* y otras parece que son capaces de llevar estas situaciones sin que les afecten? En este punto hablaríamos de los factores de riesgo personales y sociales. Entre los factores de riesgo personales estaría la vocación. Sí, como lo lees. Cuánta más vocación tengas por tu trabajo, mayor probabilidad de que sientas que tus expectativas te han defraudado. Esto no quiere decir que lo mejor que puedes hacer es que no te guste lo que haces, sino más bien que no esperes demasiado y que sigas disfrutando con las cosas más pequeñas, aunque con mucho sentido, que la tarea docente te ofrece. Algunos rasgos de personalidad como la autoexigencia o el perfeccionismo tampoco ayudan mucho a evitar quemarte. En el ámbito social, tener una buena red de apoyo social fuera del contexto laboral te ayudará mucho a no «quemarte».

Regulacion emocional

Nuestra experiencia diaria está marcada por las emociones. La pereza de tener que levantarnos, el amor en un beso de buenos días, el enfado en un atasco, el miedo por llegar tarde a esa reunión importante, la satisfacción del trabajo bien hecho... vivimos sintiendo emociones constantemente. Como defendía el neurocientífico Antonio Damasio en su libro *El error de Descartes*, la máxima acuñada por el filósofo francés debería modificarse a un más correcto «siento, luego existo».

No podemos evitar sentir emociones. Lo adecuado es, por tanto, aprender a manejarlas de forma adecuada para evitar sentirnos desbordados por ellas, es decir, gestionarlas eficazmente. En este contexto, el término «gestión» se refiere a la acepción de «ocuparse» de las emociones, que partiría de darnos cuenta que estamos sintiendo una emoción para poder «regularla», es decir, ajustarla no para no sentirla, sino para sentirla con una intensidad que podamos manejar.

La perspectiva transdiagnóstica es un reciente enfoque de la psicología que tiene como objetivo fundamental encontrar qué elementos tienen en común trastornos psicológicos como la depresión, la ansiedad, el trastorno obsesivo compulsivo, las fobias... y podrás imaginarte qué han encontrado. Correcto, las emociones. O, mejor dicho, problemas a la hora de gestionar las emociones y regularlas junto con elementos de los procesos de atención, memoria, expectativas y algunas dimensiones de la personalidad. Esto explicaría porqué los problemas psicológicos no suelen darse de forma aislada y es tan habitual que una persona que tiene depresión sufra también de ansiedad, por ejemplo. Por lo tanto, si necesitamos tratar problemas psicológicos o queremos prevenir su aparición, debemos poner el foco en aprender a regular nuestras emociones.

Ventana de tolerancia

El psiquiatra americano Daniel Siegel ha desarrollado el término *ventana de tolerancia* como el rango de intensidad de las emociones que somos capaces de gestionar. Dentro de mi ventana de tolerancia puedo estar triste, enfadada o frustrada, pero sé cómo manejar los componentes fisiológicos, cognitivos y comportamentales de esa emoción. Sin embargo, hay veces que las emociones alcanzan demasiada intensidad o se presentan de forma muy repetida en el tiempo. Esas circunstancias podrían hacer que nos desbordemos emocionalmente y que perdamos el control sobre lo que sentimos. Intensidad y frecuencia de aparición serían, por lo tanto, las dos variables para tener en cuenta a la hora de predecir la posibilidad de tener emociones que no pueda gestionar de manera adecuada. Las situaciones que harían que nos saliéramos de nuestra ventana de tolerancia se denominan *disparadores*. Igual que comentábamos en la definición de emoción, estos disparadores pueden ser también externos, como una discusión, o internos, como, por ejemplo, un recuerdo.

Si constantemente nos estamos saliendo de nuestra ventana de tolerancia, esta se hará cada vez más estrecha y nos desbordaremos cada vez más por situaciones menos intensas o frecuentes, de tal manera que al final casi cualquier cosa acabe por desequilibrarnos. Posiblemente, esta explicación estaría detrás del concepto nada científico de *Persona Altamente Sensible* (PAS). Más que un rasgo de personalidad (lo que limitaría las posibilidades de cambio) se trataría de personas que, por diferentes acontecimientos, pautas educativas, situaciones vitales, etc. tienen reducida su ventana de tolerancia y continuamente se desbordan. Podemos salirnos de la ventana de tolerancia «por arriba», es decir hiperactivándonos (sentiremos hipervigilancia, agitación, inquietud, pensamientos recurrentes, etc.) o «por abajo», hipoactiván-donos (nos encontraremos faltos de energía, agotados emocionalmen-te, bloqueados, etc.).

Sistemas de regulación innatos

Las estrategias para volver a nuestra ventana de tolerancia dependerán de si estamos hiperactivados (serán más recomendables estrategias de relajación, respiración, *mindfulness*) o de si estamos hipoactivados (necesitaremos activación conductual, practicar ejercicio físico, etc.). Regular nuestras emociones supondría mantenerlas en la ventana de tolerancia. Esto no siempre implica que tengamos que rebajar la inten-sidad de las emociones desagradables, también puede suponer inten-sificar las agradables. Por lo tanto, tan importantes son los procesos de calma como los de autocuidado.

El hecho de que regulemos también las emociones agradables di-ferencia el concepto de regulación emocional del de afrontamiento, que consistiría únicamente en tratar de afrontar las emociones que nos generan experiencias desagradables. Esta diferencia se produce también a nivel neurológico. Regulamos con la corteza prefrontal mientras que afrontamos con la amígdala.

Existen dos tipos de estrategias de regulación: las de autorregu-lación y las de corregulación. La autorregulación sería lo que hago por mí misma para volver a la ventana de tolerancia (respirar, hacer deporte, leer un libro…). Para corregularme necesito a otras personas (un abrazo, hablar con alguien…). No siempre tendemos a utilizar ambas estrategias. Hay personas que tienden a autorregularse y se aíslan, mientras que otras necesitan corregularse y para estar mejor necesitan estar con alguien.

Nuestro sistema, como cualquier otro presente en la naturaleza, tiende a la homeostasis, al equilibrio. Esto quiere decir que, si nosotros no hacemos nada por autorregularnos o por corregularnos, cuando nuestra emoción se salga de la ventana de tolerancia, el cerebro tomará la iniciativa y hará lo posible porque volvamos a una situación de calma. Al menos lo intentará, porque los sistemas de regulación que no son elegidos de forma consciente tenderán a meternos en problemas. Estos sistemas de regulación inconscientes son cinco: el sistema de defensa, el sistema de apego, el sistema de jerarquía social, la respuesta sexual y el sistema de recompensa. Veamos qué pasa en cada uno si nos hiperactivamos o nos hipoactivamos:

- **Sistema de defensa:** la hiperactivación conlleva respuestas de hipervigilancia y de estrés que nos llevarán a luchar o huir. Sentiré un miedo excesivo. Si este sistema se hipoactiva dará como resultado sensación de congelamiento, no seré capaz de reaccionar.
- **Sistema de apego:** si se hiperactiva, desarrollaríamos respuestas de apego ansioso, sintiendo la sensación de que no recibimos muestras de afecto suficientes y con una sensación muy intensa de miedo al abandono. Si nos hipoactivamos, desarrollaríamos un tipo de apego evitativo, sin necesidad de conectar emocionalmente con nadie y tendiendo al aislamiento social.
- **Sistema de jerarquía social:** la hiperactivación en este sistema nos lleva a desarrollar conductas dominantes, mientras que la hipoactivación traería comportamientos de sumisión.
- **Sistema de respuesta sexual:** hiperactivar este sistema se relaciona con un aumento de la actividad sexual a veces no adecuado al contexto, mientras que hipoactivar este sistema nos conduciría a un estado de falta de deseo sexual.
- **Sistema de recompensa:** este sistema hiperactivado provoca la aparición de la búsqueda de satisfacción sin valorar las consecuencias, lo que estaría directamente relacionado con las conductas adictivas, mientras que la hipoactivación llevaría a la anhedonia y a la falta de capacidad de disfrutar.

Estos sistemas emocionales funcionarían como una especie de ecualizador: hiperactivaríamos algunos e hipoactivaríamos otros tratando de llegar a la imprescindible homeostasis. De esta manera podríamos encontrarnos ante una situación en la que sintiéramos ansiedad (sistema de defensa hiperactivado), la sensación de no querer estar con nadie (apego hipoactivado), tratando de imponer mi criterio con mal humor (jerarquía social hiperactivada), sin apetito sexual (respuesta sexual de hipoactividad) y aumentando el consumo de alcohol o tabaco (recompensa hiperactivada). Así, podemos pensar que nos ocurren muchas cosas aunque realmente solo nos pasa una: nos hemos salido de nuestra ventana de tolerancia y al no hacer nada para volver a regularnos (a través de estrategias de corregulación o de autorregulación conscientes), nuestro sistema está tratando de volver al equilibrio por sí mismo. Como vemos, el dejar a nuestro sistema tomar las riendas de la regulación no es una buena idea.

Esta teoría de los sistemas de regulación innatos estaría relacionada con los sistemas afectivos primarios, definidos por Jaak Panksepp, que serían la base de todas nuestras emociones y vendrían a ser como una especie de *software* con el que nacemos. Estos sistemas son:

- Búsqueda (para cubrir nuestras necesidades).
- Abandono (relacionado con el apego y que genera pánico).
- Amenaza (que nos haría estar en alerta para evitar peligros y generaría miedo).
- Empoderamiento (nos relaciona con los demás y generaría enfado. Nos moviliza para luchar por nuestras necesidades o defender nuestro territorio o a las personas que queremos).
- Juego (es fundamental para nuestro desarrollo. Con él aprendemos las habilidades que tendremos que desarrollar de adultos. Está relacionado con las emociones de disfrute y alegría).
- Sexualidad (asociado al deseo).
- Cuidado (relacionado con la corregulación y el apego).

Los sistemas afectivos se relacionan con la activación del sistema simpático, por lo tanto, son muy profundos y no se tendría acceso a ellos a través del pensamiento, sino que serían accesibles a través de los aspectos más somáticos. Por lo tanto, los mecanismos de regulación más adecuados serían todos aquellos que implican al cuerpo: relajación, respiración y la activación del sistema parasimpático.

Inteligencia emocional

Frente a los mecanismos de regulación que nuestro sistema activa para tratar de devolvernos al equilibrio emocional, una adecuada gestión emocional nos debería llevar a elegir nosotros la estrategia más adecuada para que nuestras emociones vuelvan a la ventana de tolerancia. Para eso, necesitaríamos darnos cuenta de que estamos sintiendo algo, saber qué es lo que estoy sintiendo y hacer algo adaptativo con todo eso. Esa es exactamente la definición de inteligencia emocional que vendría a ser todo lo que tengo que hacer para poder finalmente regularme.

El desarrollo del concepto de inteligencia emocional y su estudio científico es relativamente reciente. Si nos vamos a la «semilla» de este constructo debemos citar la *Teoría de las inteligencias múltiples* de Howard Gardner, quien a principios de la década de los ochenta realizó un planteamiento tan novedoso como arriesgado para la psicología y la pedagogía de aquella época: la inteligencia no tenía que ver con la capacidad de lógica, razón y memoria tal y como se entendía, sino que habría hasta ocho tipos de inteligencia diferentes, presentes en diferente grado en todas las personas, y que delimitarían la manera de cada una de estar en el mundo, sus gustos, aficiones, potencialidades, etc. y que nada tendría que ver con el coeficiente intelectual. Desde este punto de vista, Messi es igual de inteligente que Picasso, solo que en diferentes inteligencias (kinestésica y visual, respectivamente). Entre los ocho tipos de inteligencia descritos por Gardner estarían la inteligencia interpersonal (definida como la capacidad de relacionarnos de forma efectiva con los demás, desarrollada a través de la empatía y del resto de habilidades sociales) y la inteligencia intrapersonal (que podríamos describir como la capacidad de relacionarnos con nosotros mismos a través de competencias como la autoestima o la introspección). Era la primera vez que se relacionaba la capacidad de relacionarnos con los demás o con nosotros mismos con un tipo de inteligencia. Este hecho llamó la atención de dos psicólogos americanos, Mayer y Salovey, que pronto empezaron a estudiar científicamente si realmente estos tipos de inteligencia existían y no solo comprobaron que efectivamente estas capacidades eran tipos de inteligencia, sino que además solían darse de forma conjunta (quien se relaciona bien consigo mismo, suele relacionarse bien con los demás). A la suma de las inteligencias inter e intrapersonal lo llamaron inteligencia emocional.

Pero ¿qué hacía falta para desarrollar esta inteligencia emocional? Mayer y Salovey pusieron el foco en la capacidad de reconocer las emociones como paso previo a regularlas. Su modelo teórico, que ha ido variando desde sus inicios en la década de los noventa hasta la actualidad, se conoce como el Modelo de las cuatro ramas y postula que para ser inteligente emocionalmente debemos:

- Percibir las emociones: reconocer que estamos sintiendo algo (mediante el sentido propioceptivo, que nos envía señales internas de «cómo estamos») o que la otra persona está teniendo una emoción, a través de las expresiones faciales o comportamentales.
- Facilitar las emociones: expresarlas de forma adecuada y usarlas de forma productiva y adaptativa.
- Comprender las emociones: saber qué estamos sintiendo y para qué.
- Regular las emociones: que nos permitirá gestionar nuestras emociones y las de los demás de una forma adecuada.

Mayer y Salovey fueron los auténticos «padres» de la inteligencia emocional, aunque es cierto que quien más ha hecho por su divulgación a nivel global ha sido Daniel Goleman. El modelo desarrollado por Goleman, y al que se unió el psicólogo israelí Bar-On, es conocido como el Modelo mixto y defiende que para ser inteligente emocionalmente es necesario desarrollar ciertas competencias personales y sociales, aunque con algunos matices diferenciadores entre ambos autores. Para Goleman estas competencias son tres a nivel personal (autoconocimiento, autorregulación y automotivación) y dos a nivel social (empatía y habilidades sociales). Por su parte, Bar-On introduce, junto con las competencias intrapersonales e interpersonales, tres conceptos más: adaptabilidad (capacidad de ser flexible y resolver problemas emocionales), manejo del estrés (capacidad de tolerar la presión y responder a ella) y estado de ánimo general (relacionado con el optimismo y la satisfacción con la vida).

En la actualidad, el término inteligencia emocional se ha extendido tanto, sobre todo en el ámbito educativo, que podemos considerar que ha perdido parte del rigor científico con el que se pretendió demostrar su existencia. De hecho, podríamos considerarlo actualmente como un neuromito. Este concepto hace referencia a aquellas concepciones populares (en el sentido de que son compartidas y creídas por la sociedad en general) que la evidencia científica no sostiene o que ha terminado por probar que no son ciertas. Ejemplos de neuromitos serían la idea de que solo utilizamos el 10 % del cerebro o que la creatividad está en el hemisferio derecho. La neurociencia nos demuestra que el cerebro tiene un funcionamiento complejo en red donde diferentes áreas y estructuras cooperan constantemente, mediatizadas por el ambiente, la genética, la estimulación y un largo etcétera de procesos y funciones. De esta manera, lo que entendemos como inteligencia emocional es realmente una manera de hablar de la regulación emocional. No sería por tanto una capacidad relacionada con la inteligencia, sino que haríamos referencia al conjunto de aprendizajes de mecanismos de regulación que nos permite mantenernos en nuestra ventana de tolerancia y desarrollar unas mejores relaciones con los demás y con nosotros mismos, favoreciendo nuestro bienestar emocional. Para ser lo que popularmente se entiende por «inteligentes emocionalmente» debemos aprender a regularnos y hacerlo de forma consciente y adaptativa.

Estrategias de regulación conscientes y adaptativas

Cuando somos capaces de darnos cuenta de que estamos sintiendo una emoción desagradable que nos puede desbordar, sabemos qué emoción es y para qué viene y la regulamos para que no salga de la ventana de tolerancia (o si ya ha salido que podamos volver a ella cuanto antes), estaremos poniendo en juego estrategias (al ser elegidas no se definen como mecanismos) de regulación conscientes y adaptativas.

Como vemos y hemos repetido anteriormente, lo importante no es no sentir emociones, sino saber qué hacemos con ellas, y para eso debemos elegir las estrategias de regulación más adaptativas en cada caso.

Sin pretender hacer *spoiler*, porque abordaremos estas estrategias con más detenimiento en nuestro botiquín emocional, sí es importante poder definir los tipos de estrategias óptimas que podemos elegir y que estarán relacionadas directamente con los tres eslabones de la cadena emocional que comentábamos en el capítulo sobre emociones: componente fisiológico, cognitivo y conductual.

• Las **estrategias adaptativas fisiológicas** serían aquellas que involucran la activación del sistema nervioso parasimpático y, por lo tanto, la desactivación del sistema nervioso simpático. Decíamos anteriormente que cuando nuestro sistema nervioso simpático se activa, notamos tensión muscular, respiración agitada y aumento de la frecuencia cardiaca. Por lo tanto, para estados de hiperactivación, las estrategias de respiración consciente, como los ejercicios de conciencia cardiaca o la respiración *Vipassana*, técnicas de relajación muscular o ejercicios de visualización sobre lugares tranquilos y seguros activarán el sistema nervioso parasimpático y nos permitirán regularnos. Para estados de hipoactivación, el ejercicio físico (caminar, correr, bailar) aumentará la tasa cardiaca, la tensión muscular y la tasa respiratoria, activando el sistema nervioso simpático y haciendo subir el tono de nuestro estado de ánimo. Ejercicios que impliquen la psicomotricidad fina, como pintar, coser o hacer manualidades, también permiten regular a través de la activación fisiológica nuestras emociones.

• **Estrategias adaptativas cognitivas** serían aquellas en las que ponemos «la tapa» a las emociones a través de nuestro pensamiento. La escritura terapéutica estaría entre estas estrategias. Cuando escribimos, activamos prácticamente toda la corteza ya que vemos lo que escribimos (lóbulo occipital), movemos la mano (lóbulo frontal), escogemos palabras (área de Broca), entendemos su significado (área de Wernike en el lóbulo temporal), coordinamos los movimientos con la vista y reconocemos las letras (lóbulo parietal). En general, todas las actividades que implican creatividad podrían también agruparse en las estrategias cognitivas. También las estrategias de corregulación como hablar con un amigo, entrenamiento en asertividad o ir a terapia nos permiten poner mente en las emociones para tratar de regularlas. Saber de dónde nos vienen las emociones, por qué estamos sintiendo en un momento dado una emoción, qué disparadores nos llevan a sentirnos pequeños o vulnerables son también estrategias cognitivas. Las técnicas de reestructuración cognitiva propias del enfoque cognitivo-conductual estarían dentro de esta clasificación, como el diálogo socrático o las técnicas de entrevista motivacional.

- **Entre las estrategias adaptativas conductuales** estarían las relacionadas con aquellas «observables» y que implican una acción consciente y deliberada. Las técnicas de activación conductual, tan eficaces en procesos depresivos, estarían entre estas estrategias. La activación conductual tiene como objetivo llevar a cabo un exhaustivo proceso de toma de decisiones sobre qué conductas podría el paciente llevar a cabo que le permitan de forma progresiva salir del estado de hipoactivación propio de la depresión. Ir al cine, arreglarse, cuidar de las plantas, dar un paseo al perro, quedar con alguien, etc. serían actividades de este tipo. En casos de hiperactivación, las estrategias conductuales podrían ser darse un masaje, golpear un cojín, tomar un baño relajante, etc.

Una parte de mí

Cuando nos desregulamos, es habitual que surja en nuestra mente una voz recriminándonos lo torpes que somos, lo mal que nos organizamos, lo estúpido que es pensar así y lo inútiles que somos al no poder evitar esos pensamientos. En otras ocasiones, en lugar de una voz crítica y dura, escuchamos una voz dramática, al más puro estilo de telenovela, que nos hace sentir pequeños, insignificantes y no suficientes.

Desde las diferentes corrientes que ha tenido la psicología se han dado diversos nombres a estas «voces». En cualquier caso, lo importante es que sepas que todos tenemos este lenguaje interno y que una parte importante del camino para alcanzar bienestar emocional es que podamos identificarlas y «hablar con ellas» desde un yo adulto y responsable. La clave sería «no te creas estas voces».

Podríamos llegar a identificar decenas de voces internas. Prácticamente cada vez que dices «una parte de mí...» estás hablando de una de estas «voces» que tienen su propio lenguaje, pero también su manera de interpretar lo que nos ocurre, su repertorio específico de respuestas, etc. Por ejemplo, cuando piensas que una parte de ti se vuelve muy tímida cuando habla con desconocidos estás identificando todo un repertorio emocional, cognitivo y conductual que es diferente de esa otra parte de ti graciosa y alegre que coge los mandos cuando está con un grupo de amigos. Cada una de estas partes ha surgido en un momento concreto de la vida, en una circunstancia en la que, por ejemplo, tu profesor de matemáticas te sacó a la pizarra a resolver un complicado problema y te ridiculizó delante de la clase al errar en la solución. Ese «tú», con esa edad, esa emoción de vergüenza, la sensación física de calor en las mejillas, la tensión en tu cuerpo y el pensamiento de soy estúpido, quedó anclado en «esa parte de ti» que ahora te hará sentir pequeño o pequeña cuando tengas que hablar en público.

Con independencia de las partes particulares que tenemos cada uno de nosotros con base en nuestras vivencias, hay dos, como comentábamos antes, que seguro que estarán presentes en tu día a día. Las vamos a llamar la parte vulnerable o niña y la parte jueza. Ellas son las encargadas del tono de voz de tu lenguaje interno. Si te fijas, la parte niña dice con un tono dramático y desesperanzado y en primera persona ese «soy tonta». La parte jueza, lo dirá con un tono duro y crítico y en segunda persona «es que eres tonta».

Te propongo un juego. Imagina una sala de reuniones con una amplia mesa en el centro y rodeada de sillas. Puedes poner los detalles que quieras en esa sala. Ahora imagina que entra tu parte jueza. Fíjate bien en esa parte, su aspecto físico, cómo va vestida, la expresión de su cara, sus gestos. Haz que se siente en una de las sillas. ¿Cómo es físicamente? ¿Va vestida de manera elegante, quizá con un traje de chaqueta, bien peinada y arreglada? Ahora vamos a pedirle que entre tu parte vulnerable. Observa su aspecto. Puede tener tu aspecto actual, pero iría descuidada, posiblemente con ropa de estar por casa. Es posible que hayas tenido la sorpresa de que es tu versión más infantil. Si es así, ¿cuántos años tiene esa parte? ¿siete? ¿ocho años? Ahora comprueba lo más importante de este ejercicio: esas dos partes de ti ¿se miran? ¿Saben cada una de ellas que la otra está ahí? Es importante que se miren, se reconozcan. Las dos son partes importantes, tienen su función. De hecho, la parte jueza lo único que quiere es proteger a la parte más vulnerable. De hecho, cuanto más vulnerables seamos, más fuerza cogerá la parte jueza. Así que podemos imaginar cómo en esa sala de reuniones esas dos partes se miran, se abrazan, se reconocen y se dan las gracias por existir. Si no tuviéramos esa parte más sensible, no seríamos empáticos, amables o generosos. Si no tuviéramos la parte más jueza, nos perderíamos en un mar de lágrimas. Ella nos protege y nos ayuda a no salirnos de ciertos límites emocionales.

Volviendo al contenido del lenguaje interno, podemos diferenciar cuatro tipos de mensajes negativos que nos decimos ante situaciones difíciles:

- Creencias sobre el hecho de tener un defecto: soy estúpida, no soy suficientemente buena, no valgo…
- Creencias sobre culpabilidad: lo hice mal, debí haberlo hecho mejor…
- Creencias sobre falta de seguridad: estoy en peligro, voy a morir….
- Creencias sobre falta de control: estoy impotente, no puedo hacer nada…

Podemos tener todos estos tipos de creencias. Lo importante es que sepamos cuál es exactamente la que tenemos en ese escenario complicado que se nos resiste y en la que queremos mejorar. Piensa en una situación difícil que estés atravesando o que te preocupe que pueda suceder. Trae a tu mente la imagen que mejor represente esa situación.

Puede ser tú en el aula, con tus alumnos delante de ti, en el momento en el que alguno de ellos te reta de alguna manera y no sabes cómo responder. Fíjate en todos los detalles de esa imagen: qué ropa llevas, cómo estás posicionado, cómo de iluminada está el aula, qué escuchas... centra tu atención ahora en cómo te hace sentir esa situación en tu cuerpo ¿hay tensión en alguna parte? ¿las manos? ¿la mandíbula? ¿sientes un nudo en el estómago o en la garganta? ¿qué emoción sientes? ¿estás triste? ¿frustrado? ¿nervioso? Y ahora piensa, ¿qué te hace pensar acerca de ti esa situación? Vuelve a la lista de los cuatro tipos de creencias negativas y elige de qué tipo es la frase que esa situación te hace pensar. Este ejercicio te ayuda a conocer tu esquema emocional asociado a esa situación: qué sientes, qué piensas y qué haces en esos momentos. Es interesante que una vez detectado este esquema (si lo escribes puede ser aún más fácil de identificar) puedas preguntarte cuándo fue la primera vez que lo experimentaste. Es posible que recuerdes algún momento, incluso de tu niñez, donde ese esquema se formó. Si piensas también en otros momentos donde hayas desarrollado la misma forma de sentir, pensar y actuar, es posible que te des cuenta de que ese esquema lo has puesto en funcionamiento en numerosas ocasiones y en diversos contextos. Una vez identificado este esquema desadaptativo, por no llamarlo negativo, podemos pensar en qué momentos hemos actuado de una forma diferente y que nos haya hecho sentir mejor. Por ejemplo, si la creencia es «no tengo el control», podemos pensar en situaciones en las que hayamos tenido el control. Una vez que tengamos el recuerdo positivo, podemos cerrar los ojos para darnos cuenta de qué sentíamos en el cuerpo y tratar de traer al momento presente esas sensaciones positivas. Lo que sentimos, junto con la creencia positiva, puedo tratar de unirlo a la situación que me genera malestar. Es como superponer una imagen (la negativa) con la sensación y la creencia positiva. De esa forma estoy haciendo que mi cerebro «ensaye» la situación a la que tengo que enfrentar o que estoy viviendo con un esquema emocional más positivo y adaptativo.

Botiquín emocional

Como venimos comentando en varios de los capítulos del libro, los seres humanos, aun con nuestras complejidades, no dejamos de ser animales y estamos programados para vigilar el entorno y luchar o huir según sea la amenaza. Un exceso de estado de vigilancia puede llevarnos a desarrollar estados de ansiedad o ataques de pánico. La conducta de huida, cuando intuimos que no tenemos opciones de ganar o defendernos, lleva a la cebra a correr al ver a la leona y a nosotros a desarrollar fobias, timidez o estados disociativos. La conducta de lucha, igual que el león cuando atacan su territorio, nos empuja a la agresividad o a padecer ansiedad. Estas conductas de lucha y huida estarían relacionadas con estados de hipo e hiperactivación, respectivamente.

Hemos comentado también cuáles son las estrategias de regulación que nuestro sistema pone en funcionamiento cuando las emociones nos sacan de nuestra ventana de tolerancia, y también hemos hablado de la necesidad de tener recursos para afrontar esos estados emocionales complicados.

Cuando las emociones son muy desbordantes, es difícil parar a pensar qué estrategia es la más adecuada. Por eso, es importante tener un auténtico botiquín emocional (BE). Sería un objeto físico, por ejemplo, una caja, donde podamos, en momentos de tranquilidad, ir recogiendo estrategias que en algún momento de desregulación nos hayan ayudado. Así, en momentos de crisis, podemos acudir a nuestro BE de la misma manera que recurrimos al botiquín con tiritas o agua oxigenada cuando nos hemos hecho un corte.

La propuesta sería ir colocando elementos concretos o simbólicos sobre las estrategias que más útiles nos hayan resultado en algún momento para volver a la calma o para activarnos si estamos en un momento de bajón emocional. Y es que no a todas las personas les son útiles las mismas técnicas ni a cada uno de nosotros nos sirven siempre estrategias similares. De ahí la importancia de poder contar con todo un repertorio que nos permita escoger en cada momento la herramienta más adecuada, en función de si necesitamos regular nuestra hipervigilancia, volver a la calma cuando estamos hiperactivados (en actitud de lucha) o impulsarnos cuando nos sentimos hipoactivados (con conductas de huida).

En el presente capítulo explicaremos algunas de las estrategias que podemos utilizar y que serían parte de nuestro botiquín emocional y que hemos dividido en tres grupos:

- Estrategias para gestionar la hipervigilancia.
- Estrategias para regular las conductas de lucha (hiperactivación).
- Estrategias para regular las conductas de huida (hipoactivación).

Estas técnicas pueden hacerse de forma individual, por lo que serán adecuadas para los docentes que quieran utilizarlas como parte de su propia gestión emocional o para enseñárselas a sus alumnos para que las puedan utilizar cuando sea necesario. Se han elegido cuatro técnicas de cada bloque para poder limitar la extensión del capítulo. No obstante, te invitamos a que sigas profundizando en la búsqueda y práctica de estas técnicas.

Estrategias para gestionar la hiperactivación

En la cebra que hemos estado poniendo como ejemplo a lo largo del libro, un estado de hipervigilancia le llevaría a estar constantemente atenta a los ruidos, los movimientos en la hierba, cualquier cosa que le haga intuir que la leona está cerca. En los seres humanos, el estado de hipervigilancia se manifiesta no solamente con sensaciones de sobresalto constante, sino también con algo que la cebra no puede hacer, pensar en el futuro. Todas las escenas horribles y dramáticas que pasan por nuestra mente en estados de ansiedad, al igual que las experiencias del pasado que la memoria puede traernos, nos provocan angustia y desasosiego, sin embargo, técnicamente no existen. No están aquí y tampoco están ahora. Si entrenamos a nuestro cerebro a volver al momento presente, podemos dejar de preocuparnos por cosas que ya ocurrieron o que aún no han ocurrido y muy posiblemente no vayan a ocurrir nunca. Estas estrategias están relacionadas con técnicas de *Mindfulness*. Este término se traduce como *atención plena*. Consiste en dirigir de forma consciente y deliberada nuestra atención sobre aquello que estemos haciendo o sintiendo en el momento presente. Sería un «mirar con curiosidad», sin juzgar lo que sentimos o pensamos. Cuando ponemos la atención y priorizamos tomar conciencia de las sensaciones del cuerpo, cogemos el control de nuestra mente. Esta capacidad que tenemos de dirigir nuestra mente recuerda a la antigua analogía hindú que nos compara con una cuadriga: el carro sería el cuerpo, la mente son las riendas que permitirán que el cuerpo se mueva hacia la dirección que el cochero (nuestra inteligencia consciente) decida. Este símil ha sido utilizado por otras corrientes filosóficas añadiendo que los caballos serían nuestros instintos, a los que, si damos rienda suelta, no podríamos controlar. Veamos a continuación el desarrollo de cuatro eficaces técnicas de *Mindfulness*.

- *Body Scan*: siéntate (mejor que tumbado) en una silla cómoda, apoyando la espalda en el respaldo y los pies firmemente en el suelo, sin cruzar las piernas. Reposa tus manos abiertas sobre los muslos. Con los ojos cerrados, coge varias respiraciones profundas, notando como el aire entra y sale de tu cuerpo. Ahora realiza un recorrido por todo tu cuerpo, empezando por los pies y continuando por las piernas, los muslos, el torso, la espalda, los brazos, las manos, el cuello y la cabeza. Ve notando cada sensación de presión, tensión, hormigueo, temperatura... cualquier cosa que puedas sentir. Mira esa sensación con curiosidad. No trates de cambiarla. Puedes describirte mentalmente lo que vayas sintiendo, por ejemplo «estoy notando cierta tensión en la nuca» o «siento un cosquilleo en la nariz». Tómate un tiempo en cada parte del cuerpo. Cuando hayas recorrido todo el cuerpo, haz un barrido de nuevo, esta vez más rápido, desde los pies a la cabeza. Siente tu cuerpo como un todo. Vuelve a sentir la respiración y, poco a poco, ve tomando de nuevo conciencia del asiento, del sitio en el que estás a través de los sonidos que se escuchen, abre los ojos lentamente. Te recomiendo que finalices desperezándote como si te acabaras de despertar. Coge la rutina de hacer este ejercicio cada mañana cuando te levantes. No tardarás mucho más de cinco minutos y los efectos a corto y largo plazo son increíbles. Fíjate que no es exactamente un ejercicio de relajación, ya que en ningún momento las instrucciones son de relajar ninguna parte del cuerpo, ni se utilizan otras sensaciones propias de técnicas de relajación, como por ejemplo la ausencia de peso. Sin embargo, simplemente dirigiendo nuestra atención al cuerpo, calmamos la mente y conseguimos los mismos efectos que con técnicas de relajación más profundas. En nuestro botiquín emocional podemos incluir un dibujo de un cuerpo o de una persona meditando para acordarnos de hacer este ejercicio.

- **Técnica de *Grounding*:** esta técnica podría definirse como *enraizamiento* o *toma de tierra*. Sería recomendable también poder incorporarla a nuestra rutina diaria y, una vez interiorizada, aplicarla en los momentos de mayor ansiedad física o cuando los pensamientos catastrofistas de alerta nos inunden. Es muy similar al *Body Scan*, solo que en el *Grounding* no tomamos conciencia del interior sino del exterior. Puedes poner la alarma del móvil para que suene a los tres minutos. Cierra los ojos y, tras unas respiraciones profundas que te permitan tener una sensación de mayor calma, concéntrate en lo que puedes escuchar. Centra toda tu atención en los sonidos y trata mentalmente de definirlos (por ejemplo, estoy escuchando unos niños jugando en la calle, ahora ha pasado un coche, oigo el ruido del aire acondicionado…). Sigue con el ejercicio hasta que suene la alarma del móvil. Coge varias respiraciones profundas y abre lentamente los ojos. Mira alrededor con curiosidad. Como si todo lo vieras por primera vez, ve centrándote en los detalles, los colores, la iluminación. Finalmente, estírate o desperézate para sentir todo tu cuerpo. Una variante de esta técnica consiste en que en el momento que abras los ojos fijarte en cinco cosas que puedas ver, cuatro cosas que puedas tocar, tres cosas que puedas escuchar, dos cosas que puedas oler y una cosa que puedas saborear. También puedes hacer un recorrido por la habitación fijándote, por ejemplo, en las cosas azules que haya o en cuántas cosas empiezan por la letra A. Esta técnica puedes realizarla en cualquier momento en el que sientas que la hipervigilancia se dispara, bien sea a través de sensaciones físicas, como la taquicardia, la hiperventilación o la tensión muscular, o a través de pensamientos catastrofistas. Podemos poner una foto de una planta con sus raíces en nuestro BE para recordar esta técnica.

- **Técnicas sensoriales:** como hemos visto, en la técnica de *Grounding* vemos desde nuestra posición los elementos que podemos percibir a través de los sentidos (lo que podríamos ver, tocar, oler, escuchar y saborear). En esta técnica vamos a experimentar esas sensaciones. Aunque pueda parecer un juego de niños, o quizá gracias a eso, nuestra memoria de trabajo estará procesando diferentes estímulos que captará a través de los sentidos poniendo en juego las funciones ejecutivas de atención, concentración y memoria, «poniendo la tapa» a la parte emocional. Esta actividad, además, es muy recomendable para personas que han tenido algún evento traumático en la primera infancia relacionado con el apego y que han desarrollado cierta «desconexión» con las señales de su cuerpo. Para activar el tacto, tendremos en nuestro BE diferentes texturas (telas suaves, estropajo, lija, algodón) o podemos poner diferentes elementos naturales como piedras, hojas, ramitas, etc. Para activar el olfato, tendremos frasquitos de distintas esencias, fáciles de conseguir en herbolarios. Para el sabor, podemos incorporar al botiquín alimentos no perecederos dulces, como gominolas o chocolate, o salados como frutos secos. Para el oído, podemos poner palos de lluvia, canicas o granos de café que vayamos pasando de un recipiente a otro. Para la vista, podemos meter en el botiquín una lupa que nos permita ver objetos desde otra perspectiva.

• **Respiración:** la respiración es una de las técnicas más eficaces para gestionar los estados de hipervigilancia. En estos estados, el sistema nervioso simpático está activado y cuando respiramos de una manera relajada y pausada, activamos el sistema nervioso parasimpático. Es cierto que hay que practicar. Quizá al principio nos lleve más tiempo, pero cuando hayamos incorporado la respiración consciente como parte de nuestras estrategias comprobaremos cómo de forma rápida volvemos a la calma. Además, la respiración siempre la llevamos «puesta». En nuestro botiquín podemos incluir un globo para recordar la importancia de la respiración. Existen muchos ejercicios de respiración que podemos utilizar. El único requisito sería poder practicarlos al menos tres minutos (de reloj) al día. Para ayudarnos podemos utilizar cualquier *gif* de respiración que nos descarguemos de internet o de los que tienen los relojes inteligentes. Otras técnicas que podemos utilizar serían:

– Respiración en cuatro tiempos (inhalar-parar-exhalar-parar).

– Técnica de respiración *Pranayama*. Pon la mano derecha (si no eres zurdo) con los dedos corazón e índice hacia abajo, de tal manera que los dedos pulgar y anular queden hacia arriba. Taparemos con el dedo pulgar la fosa derecha y exhalaremos todo el aire por la fosa nasal izquierda, inhalamos en cuatro tiempos, tapamos la fosa nasal izquierda con el dedo anular y destapamos la fosa derecha retirando el dedo pulgar. Exhala en ocho tiempos, vuelve a inhalar por la fosa derecha en cuatro tiempos, tapa la fosa derecha con el pulgar y abre la fosa izquierda, retirando el dedo anular. Volvemos a exhalar en ocho tiempos, inhalamos en cuatro, y continuamos. Puedes hacer cinco vueltas, fijándote en exhalar el doble de tiempo que inhalamos, es importante hacerlo despacio.

– Respira imaginándote que tienes un globo en la barriga, que se va hinchando cuando inhalas y se va deshinchando cuando exhalas. Puedes ir acompañando este ejercicio del pensamiento «ahora estoy inhalando» y «ahora estoy exhalando».

Parando el pensamiento anticipatorio catastrofista

En momentos de ansiedad, nuestro sistema trata de prevenirnos de posibles complicaciones futuras trayéndonos pensamientos sobre acontecimientos que pueden ocurrir, siempre bañados en un tinte dramático. Si lo pensamos bien, es una forma de protección. Si «vemos» escenarios futuros donde nos pasan calamidades, podemos anticipar cómo reaccionar ante esas situaciones. Lamentablemente, cuando vienen esos pensamientos, lejos de aprender de ellos, nos suelen arrastrar hasta abismos de ansiedad y la alerta continua por acontecimientos que lo más probable es que no ocurran nunca. La frase atribuida al filósofo francés Michel de Montaigne lo resume a la perfección: «Mi vida ha estado llena de terribles desgracias, la mayoría de las cuales nunca sucedieron». Las consecuencias negativas de los pensamientos automáticos catastróficos seguro que las has sentido en alguna ocasión: aumento de la sintomatología ansiosa, problemas de insomnio, disminución de la autovaloración... Las técnicas que comentamos a continuación deben practicarse habitualmente para que podamos integrarlas y las tengamos disponibles para utilizarlas cada vez que sea necesario. Es como aprender a conducir, al principio puede parecer difícil, pero tras un tiempo de práctica se interioriza de tal forma que no te das cuenta de todos los movimientos que haces al conducir.

• **Técnica del dinosaurio rosa:** en la mayoría de las personas, los pensamientos catastróficos vienen acompañados también de imágenes. Somos capaces de visualizar ese momento en el que todo sale mal o en el que ocurre eso tan negativo que tememos. Esas imágenes que «vemos» del acontecimiento que puede ocurrir pueden llegar a ser muy perturbadoras y tienen los matices dramáticos del pensamiento negativo. Es como si tuviéramos un guionista interno y un director de escena dentro de nosotros, mostrándonos una película de lo que va a pasar. Pues bien, cuando te des cuenta de que estás viendo una de esas escenas trágicas, mete en ella un dinosaurio rosa con lunares blancos (o algún otro elemento ridículo). De esa forma, el guionista interno se queda sin armas, no sabe cómo continuar la historia y la anticipación se acaba. Es muy liberador (y divertido). Pruébalo, te sorprenderá su efecto. Pon en tu BE el dibujo de un dinosaurio rosa.

- **Escritura terapéutica:** escribir pone en juego varias áreas del cerebro. Son funciones ejecutivas que, como hemos comentado con anterioridad, permiten poner una «tapa» a nuestras emociones. Además, es una técnica de las llamadas de ventilación emocional. Sacar fuera de nosotros todo lo que estamos pensando es fundamental para que nuestro cerebro vaya digiriendo las emociones. Introduce en el botiquín papeles o una libreta y un boli. Cuando sientas la perturbación de pensamientos negativos, escríbelos tal cual están en tu mente. Trata de «vaciarte» escribiendo sin parar, lo que salga y como salga. Deja que la escritura sea espontánea, tal cual esté en tu mente. Llegará un momento (es posible que varios folios después) que verás que no sale nada más. Es como si hubieras echado toda el agua del vaso al desagüe. Una vez que lo hayas escrito, si sientes más calma, puedes releerlo con ojos más críticos, analizando si es probable que ocurra lo que has imaginado, qué pruebas tienes de que esos pensamientos son ciertos o pueden llegar a serlo, qué otras posibilidades más positivas pueden ocurrir... Muchas veces calcular el porcentaje de probabilidad de que el pensamiento negativo acabe por ocurrir nos puede tranquilizar, porque en la mayoría de los casos eso tan negativo apenas tendrá un 2 o 3 % de probabilidades de que pase. Otro truco sería fijarte en los adverbios que has puesto (*todo* será un desastre, *jamás* me saldrá bien...) y rebatirte a ti mismo o a ti misma esos adverbios: ¿todo? ¿hay algo que se salve de ese desastre? Así te darás cuenta de que todo no es un desastre. Como ves, escribir el pensamiento no solo te permite hacer ventilación emocional, sino que posibilita racionalizar esos pensamientos. Si ves que te resulta difícil, prueba a contar con la ayuda de otra persona que pueda darte los argumentos necesarios.
- **Palabra o gesto de parada:** esta es una técnica de la psicología cognitivo- conductual que permite desarrollar la capacidad de parar el pensamiento intrusivo. Para ello, lo primero que debes

hacer es elegir un pensamiento negativo o catastrófico que te esté molestando especialmente. Es mejor que lo anotes para que puedas interiorizarlo de forma más consciente. Ahora, elige una palabra o un gesto que te pueda ayudar. La palabra puede ser «STOP», «PARA», «NO» o cualquier otra que pueda serte útil. El gesto puede ser una palmada, chasquear los dedos o levantar la palma de la mano frente a nosotros como si estuviéramos parando algo. Pensaremos también en una frase positiva que nos pueda ser útil. Puede ser una creencia positiva acerca de nosotros (yo puedo, soy capaz…). Esta técnica requiere mucho ensayo para que pueda sernos útil. Así que podemos ensayar en nuestra habitación, trayendo de forma consciente y deliberada el pensamiento de preocupación que queremos trabajar, nos repetimos la palabra y el gesto, nos decimos la creencia positiva y podemos terminar con una técnica de relajación o una distractora como salir de la habitación, poner una canción, etc. Si lo practicamos con asiduidad, finalmente se integrará y será casi automático. Puedes poner en tu botiquín la palabra que has utilizado.

- **Técnica del contenedor:** esta técnica se utiliza en el marco de las intervenciones terapéuticas con EMDR (*Eye Movement Desensitization and Reprocessing*) y es tremendamente eficaz. Me permito hacer una variación del protocolo que se utiliza para ajustarlo al control del pensamiento, eliminando las referencias a la estimulación bilateral que debe darse únicamente en un contexto terapéutico. Es importante aclarar que, aunque es probable que la primera imagen que te venga cuando utilices esta técnica sea un contenedor de basura, el término hace referencia a cualquier recipiente, a un objeto que va a contener tus pensamientos. No es necesario decir que en tu botiquín puedes poner un dibujo de tu contenedor.

Quiero que crees en tu mente la imagen de un contenedor que te va a ayudar a manejar algunos de los pensamientos negativos que puedas tener. Hay tres características que te podrían ayudar: 1) el contenedor debe ser lo suficientemente grande por dentro y lo suficientemente fuerte para aguantar lo que sea que vayas a poner adentro, 2) debe tener una manera en que puedas poner cosas dentro y sacar el pensamiento que quieras trabajar en un momento concreto, sin que ningún otro se escape, 3) la parte de dentro del contenedor debe ser lo suficientemente cómoda para que todo lo que metas se quede dentro hasta que estés listo para sacarlo y trabajar en eso. Toma un momento para pensar en cómo se va a ver tu contenedor. No hay contestación correcta. ¿Qué te viene a la mente? Imagínate cómo se sentiría si supieras que tu contenedor puede aguantar todos los pensamientos negativos. Enfócate en tu contenedor y todos esos sentimientos positivos. ¿De qué te estás dando cuenta ahora? ¿Qué nombre le quieres poner a tu contenedor? Piensa en esa palabra y las cosas positivas que estás sintiendo. Ahora quiero que envíes todo lo que te molesta adentro de tu contenedor. No quiero que hagas una lista de esos pensamientos negativos, los cuentes o pienses en ellos, solamente ponlos adentro como cuando uno tira ropa sucia en una canasta. ¿Cómo se siente al saber que todo está adentro y que no tienes que cargar con eso? Ahora quiero que saques algo pequeño del contenedor y date cuenta de cómo se siente. Ahora devuélvelos a tu contenedor y date cuenta cómo te sientes.

Estrategias para gestionar la hipoactivación

- **Actividad física:** los beneficios del ejercicio físico en situaciones de hipoactivación están más que probados. La actividad física mejora el flujo sanguíneo regulando el ritmo cardíaco, produce endorfinas, mejora la oxigenación del organismo, contribuye a mejorar los ritmos circadianos permitiendo una mejor higiene del sueño… No es necesario que sea algo demasiado intenso. En nuestro botiquín podemos incluir una comba para saltar o una mancuerna para hacer algo de ejercicio con los brazos. No obstante, andar al aire libre incrementa todos los beneficios de la actividad física y si además lo hacemos acompañados, aún mejor. También podemos considerar actividad física para estados de hipoactivación el baile. Pon en tu botiquín un *Pen Drive* con música energizante. En la Universidad de Cambridge elaboraron un listado con las mejores canciones actuales para levantar el ánimo en momentos de tristeza. Entre ellas están *Viva la vida* de Coldplay o *Wake me up* de Avicii. Un estudio de la Universidad de Groningen, en Holanda, determinó que para que una canción nos anime debe de tener un ritmo de 150 pulsaciones. Este estudio incluía en su listado clásicos como *Don't Stop Me Now*, de Queen, *Dancing Queen* de Abba o la famosa canción de *Rocky, Eyes of the Tiger* de Survivor. Sé que cuando uno está de bajón no tiene ganas de escuchar este tipo de música, pero créeme, la música autodestructiva (ponerte a escuchar baladas) no te ayudará. Salir del bache requiere un esfuerzo y qué mejor que hacerlo con música.

- **Autocuidado:** cuidamos a las personas que queremos. Por eso, cuidarnos a nosotros mismos nos envía el mensaje de que somos «queribles» y que merecemos la pena. Una de las primeras cosas que se descuida en situaciones de depresión o estados de ánimo tristes es el aspecto físico. Por eso, para empezar a activarnos, aunque no nos apetezca mucho, tenemos que darnos un empujón y establecer rutinas de higiene personal y cuidado físico. Mirarnos en el espejo nos devuelve no solo una imagen, sino nuestra actitud ante la situación. Por eso es importante cuidar nuestro aspecto físico. Dentro del autocuidado también se incluiría mantener una alimentación saludable. Comer sano y equilibrado mejora las conexiones sinápticas aumentando los niveles de serotonina, neuropéptido relacionado directamente con el estado de ánimo. Llevar a cabo estas tareas de autocuidado cuando estamos hipoactivados es difícil, por eso es importante poder contar con la ayuda de otra persona que nos recuerde qué debemos de hacer o nos acompañe en los momentos en los que nos resulte un esfuerzo muy importante llevar a cabo estas actividades. Todas las muestras visibles de cuidado que podamos darnos serán muy efectivas. Una de ellas, simple pero muy efectiva, es poder acariciarnos mientras nos echamos crema en el cuerpo. Si, además, elegimos una crema con un olor que nos guste especialmente y nos vamos aplicando la crema de forma lenta y pausada, disfrutando de su textura y olor, será un momento de especial cuidado hacia nosotros mismos. Así que no olvides echar en el BE un tarrito de tu crema favorita. Dedicarnos a nuestros *hobbies* también es una manera de cuidarnos. En ocasiones, dejamos para el final pequeños momentos de placer y es posible que nos quedemos sin tiempo en el día a día para esas actividades. Martin Seligman, padre de la llamada psicología positiva y uno de los máximos exponentes en la investigación científica de la felicidad, comentaba en su libro *La Auténtica Felicidad* (2011) que para ser feliz había que tener una vida comprometida, una vida con sentido y una vida placentera. Dentro de esta vida placentera estarían esas pequeñas actividades de placer como leer un buen libro, saborear una taza de nuestra bebida favorita o dar un paseo por el mar. En las estrategias de autocuidado también deberíamos incluir la corregulación que conseguimos con los demás cuando hablamos con un amigo, abrazamos a nuestra pareja o sentimos el cariño de nuestros hijos. En resumen, hacer algo bueno por nosotros de manera consciente y deliberada aumenta nuestra sensación de que «la vida es chula» y merece la pena.

- **Recursos positivos: yo puedo.** Tan importante es tratar de eliminar sensaciones desagradables como poder incorporar a nuestro repertorio sensaciones agradables. Es como si tuviéramos un archivo infectado que hubiera que eliminar del sistema y que pudiéramos reemplazar por otro archivo en condiciones. A pesar de estar pasando por malos momentos, o incluso si estos duran ya demasiado tiempo, todos hemos tenido experiencias en nuestra vida donde nos hemos sentido con mucha energía, como si pudiéramos comernos el mundo. Estos recuerdos están en nuestra memoria y, como hemos comentado en un capítulo anterior, podemos recuperarlos en cualquier momento, trayéndonos no solo la imagen de ese momento, sino todo el esquema emocional que experimentamos. Una buena idea es poner en el botiquín emocional una foto de ese momento que nos ayude a conectar con los recursos positivos. Te dejo a continuación un ejercicio de visualización que puede serte útil.

Una vez que tengas elegido el momento, cierra los ojos, coge un par de respiraciones profundas y trae a tu mente esa situación. Trata de recrearla con todos los detalles que puedas a través de los sentidos. *Fíjate en lo que veías en ese momento, los colores, la iluminación, quiénes estaban a tu lado, dónde estabas tú. Ahora trata de recordar qué se escuchaba, las voces de la gente, si había música o si había algún sonido concreto destacado. Trae a tu mente también si olía de alguna manera especial. Es posible que fuera el olor de algún elemento que hubiera, como flores, o del sitio donde estuvieras, por ejemplo el olor de la brisa del mar. Siente también si podías saborear algo. Recrea lo que podías tocar, el tacto de tu ropa, de la persona que estuviera contigo o de lo que tuvieras en la mano. Aún tenemos otro sentido del que tirar, lo que sentías en tu cuerpo en ese momento. Siente las sensaciones, no solo de tu posición corporal sino también lo que sentías por dentro, si notabas fuerza en los hombros o las piernas o una sensación de tranquilidad en el pecho. Ahora elige un pensamiento que te pueda definir en ese momento, por ejemplo «soy capaz», «soy fuerte», «soy valiente», «puedo con esto»… Ahora vamos a anclar esa sensación. Elige un gesto como apretarte la muñeca o tocarte el lóbulo de la oreja. Cuando las sensaciones de logro las sientas con intensidad, haz ese gesto mientras que repites la frase sobre ti. Ensáyalo con frecuencia para que puedas interiorizar la sensación. Recuerda hacer siempre el mismo gesto cuando la sensación sea intensa para unir ambas cosas. Así, cuando lo necesites, haciendo el gesto tu cerebro podrá recuperar las sensaciones y también la creencia.*

- **Autocompasión:** cuando estamos con el estado de ánimo bajo, es posible que nos vengan pensamientos desagradables acerca de nosotros mismos como «siempre estoy igual», «soy un desastre» o «no puedo con esto». Es nuestra parte jueza, como comentábamos en el capítulo anterior, tratando de echarnos la bronca. Evidentemente, nuestra parte más sensible, la que más está sufriendo, aún sufrirá más al escuchar estas quejas. En esos momentos, lo que necesitamos es una voz amiga que nos ayude y nos consuele. Y esa voz amiga la podemos encontrar dentro de nosotros. A través de la autocompasión, nos enviamos el mensaje de que es normal a veces sufrir cuando nos pasan cosas desagradables. La autocompasión parte de la base de que aceptemos sin juicios nuestras emociones, las validemos. ¿Qué le diríamos a un amigo si nos dice que se siente triste o frustrado? Probablemente no le diríamos «eres un desastre». Lo abrazaríamos y le diríamos que es normal que se sienta así, que lo que ha pasado es duro o triste. A veces ser amable con nuestro yo actual es difícil, pero ¿podríamos ser más sensibles y cuidadosos con el niño o la niña que fuimos? Las meditaciones acerca del niño interior son muy sanadoras, sobre todo aquellas que consisten en rescatarlo de momentos complicados que vivimos o mirarlo con amor. No obstante, si tu infancia fue traumática por algún motivo, estas meditaciones solo deben hacerse en un contexto terapéutico ya que pueden ser retraumatizantes. En el libro de Kristin Neff, *Sé amable contigo mismo* (2016), un referente en la bibliografía sobre autocompasión, la autora nos invita a reflexionar en el sufrimiento como parte de la experiencia humana e incorporar esa visión en la práctica de la autocompasión. Cuando lo estemos pasando mal o nos sintamos en ese momento de hipoactivación, podemos hacer el siguiente ejercicio:

Pon una mano en tu corazón y haz el gesto de acariciarlo. O bien balancéate como si tuvieras a un bebé en brazos. Cierra los ojos y di en voz alta una frase para cada una de las fases de la autocompasión.

1. Reconocer y validar la emoción: «esto es tristeza», «esta situación duele», «es un momento difícil».
2. Conecta esa emoción desagradable con la experiencia humana: «es parte de la vida», «otras personas sentirían lo mismo», «todos sufrimos en algún momento».
3. Ofrécete ayuda: «puedo darme la compasión que necesito», «me acepto tal y como soy».

Aplicaciones en el aula

De unos años a esta parte, ha aumentado considerablemente el número de centros educativos de primaria y secundaria que aplican programas completos o actividades puntuales para la adquisición de competencias emocionales. Se ha podido demostrar en la práctica diaria de estos centros que el desarrollo de actividades de educación emocional tiene resultados importantes en la reducción de los conflictos, el aumento del bienestar emocional de estudiantado y docentes, la mejora en la capacidad de tolerancia a la frustración, el desarrollo de estrategias de regulación, etc. Si en los niveles de primaria, secundaria y bachillerato se ha demostrado eficaz el trabajo con estas competencias, en la universidad se le añadiría el hecho de que están directamente relacionadas con las llamadas *Soft Skills* o habilidades blandas, necesarias para la incorporación al mercado laboral, favoreciendo la capacidad de relación, mejorando el desempeño laboral y posibilitando la superación problemas y circunstancias adversas a las que el estudiantado tendrá que enfrentarse en el futuro.

Esta necesidad de desarrollar habilidades relacionadas con la inteligencia emocional se une a la filosofía del Proceso de Bolonia y del Espacio Europeo de Educación Superior (EEES), que aboga por una educación superior inclusiva, accesible y más competitiva a través de diferentes herramientas entre las que encontramos el impulso de las clases con un contenido más práctico, con el fin de incrementar la cooperación entre el alumnado mediante los trabajos en grupo. Sin embargo, es habitual encontrar tareas que más que en grupo se han realizado mediante la unión de trabajos individuales, por lo que estamos perdiendo una gran oportunidad de enseñarles lo que encontrarán en sus futuros trabajos: el desarrollo de competencias sociales y comunicativas que les permita trabajar en equipo y resolver conflictos, etc.

Con independencia de la consideración sobre el éxito o el fracaso de Bolonia, lo que está claro es que la sociedad ha cambiado. Nuestros estudiantes pertenecen a esta «sociedad líquida», como define el filósofo Bauman, caracterizada por el acceso a la información, que no al conocimiento, la realidad de la inteligencia artificial, la omnipresencia de las redes sociales, etc. En este entorno, la universidad, más que nunca, debe ayudar a sus alumnos a pensar y sentir. Ahora, los profesores universitarios no somos una fuente de conocimiento y los alumnos no deben vernos como un obstáculo para conseguir su título, sino como un guía en su desarrollo personal y profesional.

Cuando en el año 2016 publiqué el *Programa Arco Iris* con actividades para el desarrollo de las competencias emocionales en centros educativos, ya comentaba que la educación emocional no era una moda, sino que había venido a quedarse y que tarde o temprano estaría incluida de manera implícita o explícita en el currículum escolar. Actualmente, no solo este pensamiento sigue vigente, sino que se extiende hasta los estudios de grado incluso máster.

Siguiendo la misma estructura que en el *Programa Arco Iris*, se recogen a continuación actividades para trabajar en el aula las competencias emocionales del modelo de Mayer y Salovey sobre reconocimiento de emociones, el modelo de Goleman y Bar-On (autoconocimiento, automotivación, autorregulación, habilidades sociales y empatía) y la psicología positiva de Seligman a través del desarrollo de las fortalezas del estado de ánimo.

Reconocimiento de emociones

Esta actividad tiene como objetivo fundamental facilitar en el estudiantado la capacidad de reconocer sus emociones como base de la inteligencia emocional. Aconsejo que esta actividad se realice varias veces a lo largo del cuatrimestre, por ejemplo, una vez al mes tras la finalización de alguno de los trabajos en grupo que se puedan realizar. Explicaremos brevemente el esquema emocional (ver apartado de este libro sobre el tema) y explicaremos cómo las emociones son cadenas formadas por tres eslabones: sensaciones físicas, pensamientos y conductas. Pasaremos a los estudiantes una plantilla como la del ejemplo y les pediremos que la completen en un momento específico (por ejemplo, cuando estén trabajando en grupo, a la hora de exponer, etc.). Luego debatiremos en clase de lo que nos hemos dado cuenta completando la tabla.

SITUACIÓN	SENSACIÓN FÍSICA ¿Qué he sentido en el cuerpo?	CREENCIA ¿Qué he pensado acerca de mí?	CONDUCTA ¿Qué he hecho?	EMOCIÓN ¿Cómo me he sentido?

Sería conveniente poder acompañar este ejercicio de un vocabulario emocional adecuado. Para eso podemos utilizar alguno de los materiales editados muy recomendables como el *Universo de las Emociones* o la rueda de Plutchik.

El modelo propuesto por Plutchik recoge ocho emociones básicas (alegría, confianza, anticipación, tristeza, miedo, sorpresa, enfado y aversión), cada una de ellas con un grado de intensidad inferior y otro superior. De esa manera, el grado inferior de alegría sería la serenidad y el grado superior el éxtasis. Además, estas emociones se combinan entre ellas dando como resultado otra emoción diferente. Por ejemplo, la alegría se combina con la confianza dando como resultado el amor, y con la anticipación para dar como resultado el optimismo. La representación visual de esta rueda de Plutchik, que en su forma tridimensional se asemejaría a un cono de helado, refleja también las emociones contrapuestas (alegría se contrapone a tristeza, la confianza a la aversión, la anticipación a la sorpresa y el enfado al miedo).

El *Universo de Emociones* es una bonita representación gráfica de más de 300 emociones divididas en seis galaxias: alegría, amor y felicidad, ira, tristeza y miedo, emociones sociales, asco, sorpresa y ansiedad. Cada una de estas galaxias está compuesta por planetas que presentan matices concretos de las emociones básicas. Por ejemplo, en la galaxia de la ira encontramos planetas como los celos, la indignación, el resentimiento o el desprecio.

Otro método que podemos utilizar es el conocido como método Ruler. En este caso, encontramos una cuadrícula cuyo eje de abscisas sería el grado de bienestar que las emociones nos hacen sentir y en el eje de coordenadas estaría el grado de energía que nos moviliza. La cuadrícula la componen cien emociones, divididas en cuatro grupos de 25 emociones cada una. Cada uno de estos cuatro grupos se identifica con un color diferente. Las emociones con menos energía y menos bienestar se señalan con el color azul. Y en ellas tendríamos la desolación, el pesimismo, el cansancio, etc. Las emociones con mayor bienestar y menos energía se identifican con el color verde. Entre ellas estarían la serenidad, la calma o el bienestar. Entre las emociones con menor nivel de bienestar pero mayor nivel de energía, estarían señaladas con el color rojo. Aquí encontramos la indignación, la frustración o la ira. Las emociones amarillas, las de mayor energía y mayor nivel de bienestar son, entre otras, la euforia, la esperanza o la alegría.

Autoconocimiento

Cuando en consulta se pregunta al paciente cuáles son los objetivos que pretende conseguir con la terapia, es habitual que al menos uno de ellos sea aumentar la autoestima. Creo que, en ocasiones, confundimos la autoestima con la sensación de bienestar o de logro. Creemos que si tuviéramos una buena autoestima nos encontraríamos más fuertes y seguros de nosotros mismos. Sin embargo, la autoestima es algo mucho más sencillo y tiene que ver más bien con la aceptación también de aquellos aspectos nuestros que no nos gustan demasiado. Igual que somos capaces de reconocer las cosas más negativas de nuestros hijos y aun así los queremos, lo mismo debería pasar con nosotros mismos. Hay un paso previo, esencial para llegar a tener una autoestima adecuada, y es conocernos. Para querernos, tenemos que conocernos bien. De ahí, que la competencia intrapersonal de la inteligencia emocional no sea exactamente la autoestima, sino el auto-conocimiento. Además, ejercitar esta mirada interior es la que nos va a permitir desarrollar el músculo de la introspección que nos facilitará el contacto con nuestras propias emociones y, posteriormente, con las emociones de los demás.

Existen dos momentos oportunos para realizar con nuestro estu-diantado universitario ejercicios de autoconocimiento. Uno de ellos sería a principio del cuatrimestre, y se puede incluir como parte de los ejercicios de conocimiento y cohesión grupal. Primero, establecemos ejercicios de autoconocimiento que, posteriormente, compartirán con el resto de miembros del grupo asignado. El segundo momento sería al finalizar el cuatrimestre, cuando podemos hacer un balance de cómo se han sentido hasta ese momento y qué les faltaría por conse-guir (que se puede establecer como actividad de automotivación como veremos en el siguiente apartado).

Uno de los ejercicios a utilizar en clase sería la «rueda de la vida». Consiste en presentar una plantilla con una circunferencia cortada en seis u ocho partes (como si fuera el quesito del juego del Trivial). En cada una de esas partes, vamos a poner una palabra de un área de la vida de la persona o de su forma de ser. Podemos poner: estu-dios, familia, amigos, pareja, compañeros de facultad y *hobbies*. Si utilizamos la forma de ser, es interesante que preguntemos previa-mente qué características de personalidad o qué competencias son necesarias para desarrollar la profesión para la que se están prepa-rando. Por ejemplo, para ser enfermero es necesario tener empatía, habilidades sociales, compasión, paciencia, estabilidad emocional y autocontrol. El siguiente paso es pedirles que puntúen de 0 a 10 cómo se valoran en cada una de esas competencias. El 0 es el punto central de la circunferencia y 10 el diámetro de la circunferencia. De esa manera podrán saber de forma visual qué competencias deben desarrollar más.

Otro ejercicio es el análisis DAFO personal. Esta técnica suele utilizarse en el ámbito empresarial para evaluar la posibilidad de éxito de un negocio. Nosotros lo vamos a utilizar aquí para que se analicen ellos mismos. Deberán crear una tabla con dos celdas horizontales y dos verticales. La primera casilla de la izquierda arriba será la de DEBILIDADES, la segunda casilla a la derecha arriba serán AMENAZAS. La casilla de abajo a la izquierda serán FORTALEZAS, y la casilla de abajo a la derecha OPORTUNIDADES. De esta manera, tenemos la columna de la izquierda aspectos personales y la columna de la derecha aspectos externos a la persona. En la fila de arriba aspectos negativos, y la fila de abajo aspectos positivos. Las debilidades serían qué aspectos míos internos pueden poner en peligro el logro de mi desarrollo profesional, el hecho de terminar la carrera o el de ser feliz en la vida. Las amenazas serían qué aspectos externos a mí pueden poner en peligro esas cosas, por ejemplo, que mis padres no me apoyen, que no consiga trabajo, etc. Las fortalezas serían qué aspectos internos míos pueden ayudarme (por ejemplo, soy constante, tengo paciencia...), y las oportunidades qué aspectos externos a mí me pueden ayudar, en qué o en quién me puedo apoyar.

Automotivación

En muchas ocasiones se confunde el desarrollo de estrategias de motivación con el hecho de salir de estados de procrastinación, donde todo se deja para después y lo menos importante le quita tiempo a lo más urgente. Realmente, la motivación no tiene que ver con tener ganas, sino con tener un motivo. De ahí la importancia de analizar los motivos para continuar avanzando a pesar de los obstáculos que se pueden encontrar en el camino.

A nivel de desarrollo personal, podríamos asociar la motivación con la tolerancia a la frustración, en el sentido en el que no frustrarnos por las cosas que nos salen mal, aprender a tolerar los errores que cometemos y sobreponernos a las adversidades nos permitirá con más facilidad seguir en nuestro camino y, por lo tanto, con la motivación suficiente (vuelvo a insistir que no con ganas, sí con motivos) para continuar a pesar de todo. Para esto, igual que se hace en la consulta con los procesos terapéuticos, el primer paso sería el de prescindir de esa parte de nosotros que se ilusiona con la idea de que hay un estándar de calidad que conseguir, un estado ideal que permita ponerse a estudiar con entusiasmo, devorar los apuntes, sentarse horas y horas en un auténtico estado de hiperfoco que nos lleve a prácticamente engullir los conocimientos. Esto no es así, al menos para las personas más «normales». Estudiar, sentarse a memorizar con la intención, más que aprender, de pasar un examen no es algo que se suela hacer con ganas. Por lo tanto, el esperarse a tener ganas para hacerlo puede llevarnos a la inmovilidad más absoluta. Hay que ponerse, y diría que ni siquiera con la esperanza de que en algún momento nos entusiasme lo que estamos estudiando. Pero el motivo, el mismo que empujó al estudiante a escoger (o al menos a matricularse) en la carrera, continúa estando.

Se propone realizar para el desarrollo de esta competencia la estrategia GROW, una técnica que se aplica en psicología *Coaching* para la focalización de objetivos personales y/o profesionales. GROW es un acrónimo que corresponde a las siguientes iniciales:

- *Goal* (objetivo)
- *Reality* (realidad)
- *Options/Obstacles* (opciones y obstáculos)
- *Will* (voluntad)

Esta técnica parte de la idea de que la persona está en un punto (realidad) y quiere (voluntad) llegar a otro punto (objetivo) y para eso tiene que valorar cómo hacerlo (opciones) y qué obstáculos puede encontrarse.

El proceso de *Coaching*, entendido como técnica (que nada tendría que ver con estilos vendehúmos tan habituales en las redes sociales), consistiría en un proceso de diálogo al más puro estilo socrático, donde un *coach* (entendido como el guía o conductor), a través de una serie de preguntas, trata de que la persona pueda centrar los cuatro aspectos mencionados anteriormente: cuál es su objetivo, desde qué realidad parte, qué opciones tiene, qué obstáculos pueden encontrarse y en qué punto está su voluntad.

A continuación, a modo de ejemplo, se recogen algunas de las preguntas que podrían plantearse:

Parte 1: Metas (Objetivos Marte)

- ¿Qué quieres conseguir?
- ¿Por qué es importante para ti conseguir esa meta?
- ¿Cómo vas a saber que has conseguido llegar a la meta?
- ¿Qué pasará si no consigues esa meta?

Parte 2: Realidad (Linea de vida/Rueda de la vida/Dafo)

- ¿Qué está pasando ahora?
- ¿Con qué frecuencia/intensidad ocurre?
- ¿Por qué es un problema?
- ¿Qué ha salido mal hasta ahora?
- ¿Qué ha salido bien hasta ahora?
- ¿Qué has hecho hasta ahora?
- ¿Qué habilidades tienes actualmente para alcanzar tu objetivo?
- ¿Qué habilidades podrías desarrollar?

Parte 3: Opciones

- ¿Qué posibilidades tienes?
- ¿Puedes hacer algo diferente a lo que has estado haciendo?
- ¿Qué harías si no tuvieras obstáculos?
- ¿Qué más puedes necesitar?
- ¿Qué añadirías o qué quitarías?
- ¿Cuáles son los pros y contras de esa opción?
- ¿Qué harías si se pudiera empezar de nuevo desde cero?

Parte 4: Voluntad

- ¿Qué harás exactamente?
- ¿Qué pasos vendrán después?
- ¿Cuánto de motivado estás (de 1 a 10)?
- ¿Qué necesitas para obtener un 10?
- ¿Cómo puede ayudarte tu entorno?

Los objetivos que se planteen deben cumplir con el acrónimo MARTE, deben ser:

- Medibles.
- Alcanzables.
- Retadores.
- Temporales.
- Específicos.

La definición del objetivo con estas características es precisamente lo que separa a los objetivos de los sueños. No es lo mismo plantearse que algún día iré a Brasil que decir «antes del 31 de diciembre de 2026 voy a ir a Brasil». De esta manera, mi objetivo es medible (un viaje), alcanzable (me permite plantearme que tendré que ahorrar una cantidad fija al mes hasta esa fecha), retador (porque me ilusiona), temporal (diciembre de 2026) y específico (depende de mí).

Autorregulación

Sin duda, una de las competencias que más útiles van a ser para la adaptación a las diferentes situaciones por las que se pasa a lo largo de la vida es la autorregulación. Como veíamos en el capítulo anterior, desde una perspectiva transdiagnóstica, todos los trastornos emocionales tendrían en común problemas con la autorregulación, bien por un exceso de control (el trastorno obsesivo compulsivo, la anorexia, etc.) como por falta de control (por ejemplo, en las adicciones). El desarrollo de la autorregulación adecuada nos permite evitar reacciones impulsivas y agresivas, y también el «ponernos las pilas» en momentos de procrastinación.

Tal y como veíamos en el capítulo dedicado al estrés y la ansiedad, nuestro sistema nervioso está programado para ser consciente en todo momento de los posibles peligros que nos acechan, que unido a las frustraciones o los conflictos inter e intrapsíquicos a los que nos enfrentamos hacen que la capacidad de autocontrol juegue un papel crucial en nuestro equilibrio emocional.

Desarrollar esta competencia parte del hecho de que podamos parar, pensar y posteriormente actuar. Por lo tanto, implica la capacidad de tomar conciencia de las señales fisiológicas que me advierten de que una emoción desagradable, como por ejemplo el enfado, empieza a aparecer para que, desde un estado de conciencia, pueda parar la respuesta instintiva que va asociada a ella como por ejemplo gritar o pegar. Una vez que he parado, el siguiente paso sería utilizar la capacidad cognitiva para valorar opciones, tomar decisiones y plantear estrategias de actuación. Esto implica que debo regular las respuestas de activación, como la tensión muscular, la hiperventilación o la taquicardia, a través de ejercicios de relajación o respiración consciente para permitir que la amígdala no secuestre todo el sistema límbico (relacionado con las emociones) y me permita utilizar la corteza cerebral, donde estarían los procesos cognitivos superiores, como la capacidad de valorar opciones, sopesar consecuencias y tomar decisiones. Una vez que he parado y he pensado, solo me resta actuar. Otro aspecto fundamental de la autorregulación es que permite postergar la recompensa, es decir, trabajar hoy por un beneficio futuro, lo cual resulta una habilidad fundamental para nuestro estudiantado que debe esforzarse en el presente para conseguir objetivos a largo plazo.

Existen muchas formas diferentes de poder trabajar la competencia de autorregulación en el aula. Por ejemplo, cuando reflexionamos con ellos acerca de cómo se enfrentan al estudio de nuestra materia, podemos hacerles ver qué aspectos no están contemplando de una forma adecuada, cómo pueden organizarse mejor o qué estrategias son las más adecuadas para poder ir mejorando momentos de bajo rendimiento o procrastinación. La recomendación de que lleven un diario emocional sobre cómo se van sintiendo y qué estrategias ponen en juego para ir regulándose, les puede permitir tomar conciencia de los recursos que tienen disponibles en posteriores situaciones. También, recomendaciones de técnicas específicas de organización y gestión del tiempo de estudio como la técnica Pomodoro (que divide el tiempo de estudio en rangos constantes de 25 minutos de estudio, llamados *pomodoros*, y 5 minutos de descanso activo, con un descanso de 30 minutos después del cuarto *pomodoro*) o la matriz de Eisenhower, que divide las tareas en función de su urgencia e importancia, pueden serles muy útiles.

Otra forma de ejercitar la autorregulación en clase sería la utilización de técnicas *gamificadas* que impliquen tener que dar una respuesta rápida en un marco de competición, con un tiempo de respuesta corto, sabiendo que solo se puede dar una respuesta correcta. Estas dinámicas nos permiten el trabajo con el parar, pensar y actuar imbricando conceptos teóricos explicados en el aula. Podemos servirnos de juegos como el Kahoot o versiones del alto el lápiz con conceptos que se estén trabajando en el temario.

Sin duda, la mejor forma de mostrar cómo se lleva a cabo la regulación emocional y los beneficios personales y sociales que esta tiene es a través del ejemplo. Manejar nuestro propio estrés y frustración como docentes es clave para trasmitir a los estudiantes los beneficios del autocontrol para el bienestar emocional.

Una forma de introducir el tema del autocontrol es a través del relato de Ulises y la isla de las sirenas, donde el héroe griego utiliza técnicas de autorregulación que pueden servirles de ejemplo para utilizarlas en su día a día. El momento previo a los exámenes puede ser adecuado para hacer una pausa y plantear esta actividad.

Ulises y la Isla de las Sirenas

Tomándole de la mano, y con voz suave y persuasiva, Circe, la de las divinas trenzas, advirtió a Ulises de los peligros que, cuando se hiciese a la mar de nuevo, le acecharían al pasar frente a las costas de la Isla de las Sirenas. Sus cantos son dulces y deliciosos, le vino a decir, poderosamente seductores. Si tú y tus hombres os dejáis embelesar por ellos y cometéis la imprudencia de acercaros a las playas de su isla, quedaréis detenidos en ellas y os controlarán de tal modo, que jamás podrás alcanzar tu meta más dulce y deseada: regresar a tu patria y fundirte en estrechos abrazos con Penélope.

Ulises escuchó con atención los sabios consejos de Circe y le aseguró que él, curtido como estaba en la adversidad, sería capaz de dominarse. No dudaba Circe de las habilidades de Ulises para privarse momentáneamente de un placer inmediato con tal de poder alcanzar una meta demorada pero más placentera. Pero conocía también que el intenso atractivo del canto de las sirenas podría anular sus esfuerzos de autocontrol y hacerle olvidar las prudentes advertencias. Por eso, le sugirió a Ulises algunas estrategias que harían más efectivas sus buenas intenciones y su capacidad para dominarse. Le aconsejó, en efecto, que pasaran frente a la isla sin detenerse y que, antes incluso de llegar a sus inmediaciones, sus hombres se taparan bien los oídos con cera para no oír los cantos. Y en cuanto a él, si deseaba darse el gusto de oír el delicioso canto, en tal caso, haría que sus hombres le atasen bien atado al mástil de la nave, y debería advertirles muy seriamente que aunque se lo rogase o mandase, ellos no le desatarían porque, si lo hacían, podía ser irreprimible la tentación de dirigir la nave hacia las playas de las que salían las dulces voces. Cuando ya con la aurora soltaron amarras y se hicieron a la mar, y la nave alcanzó la Isla de las Sirenas, Ulises y sus hombres pusieron en práctica el plan aconsejado por Circe. Las sirenas, advertidas de su presencia, se entregaron a sus melodiosos cantos.

Ulises pudo comprobar el impacto emocional tan vehemente que le producían en su corazón aquellas voces. Observó su incontenible deseo de seguir escuchándolas, incluso llegó a hacer a sus hombres gestos suplicantes para que le soltaran las ataduras, pero éstos no lo hicieron, ayudándole así a dominarse. Para hacerse más tolerable la privación del placer de acercarse, pensaba en lo hábiles que estaban siendo sus hombres y él pensaba sobretodo en la recompensa más apetecible, Penélope. Se sentía satisfecho de poder contar con el recurso y la compañía de sus hombres y se sentía orgulloso de ser el valiente, prudente e ingenioso Ulises que todos conocían y que todos esperaban que siguiera siendo. "Ulises, lo estás haciendo bien, te mereces la recompensa final", se decía para sus adentros. Y cuando ya por fin la nave se alejó de la Isla de las Sirenas, Ulises comprobó que sus habilidades para darse aliento y los cambios diseñados en su entorno habían sido efectivos. Había evitado hábilmente los riesgos de quedarse para siempre retenido en la pradera de la Isla de las Sirenas donde habría de aguardar la inexorable muerte calcinado por el sol. Había valido la pena seguir los sabios consejos de Circe.

Estas estrategias son parte de lo que nosotros podemos utilizar para aprender a autocontrolarnos en determinadas situaciones:

1. ANTES DE LA SITUACIÓN: controlar previamente la situación, saber qué nos vamos a encontrar y tratar de controlar todos los aspectos.
2. DURANTE LA SITUACIÓN: tener pensamientos positivos relacionados con la recompensa que obtendremos si controlamos de forma adecuada la situación.
3. DESPUÉS DE LA SITUACIÓN: una vez que haya pasado la situación, sentirnos orgullosos de nosotros mismos.

Un ejemplo de esta situación puede ser ante un examen:

1. Controlaremos todos los aspectos de la situación: dónde se va a hacer, qué tengo que tener preparado para que no se me olvide nada (bolígrafos, calculadora, etc.).
2. Tener pensamientos positivos: pensar antes y durante el examen que podremos pasarlo. Tratar de fijarnos en qué pensamientos negativos puedo tener («no voy a aprobar», «soy un desastre», etc.) y cambiarlos por otros positivos (podemos elaborar una lista previamente).
3. Después del examen, atender a los momentos en que nos hemos sentido mejor, pensar que lo hemos logrado, etc.

Los alumnos pueden plantear otros ejemplos de situaciones que les hagan mostrarse nerviosos y hacer un listado de lo que harían antes, durante y después de dichas situaciones.

Habilidades sociales

Si, como comentábamos anteriormente, el desarrollo de competencias intrapersonales es esencial para la adquisición de las «habilidades blandas» que los universitarios deben desarrollar para su bienestar personal y laboral, las habilidades sociales lo son en la misma medida. Los seres humanos somos seres sociales por naturaleza. El hecho de que estemos en lo más alto de la pirámide trófica desprovistos de la suficiente fuerza física, garras, veneno o cualquier otro elemento de ataque se debe, no solo a nuestra supuesta inteligencia, sino al hecho de que la cooperación en la tribu permite cazar en grupo uniendo nuestras fuerzas. Sea cual sea el futuro profesional al que estemos preparando a nuestros alumnos, deberán desarrollarlo en unión con otras personas, bien sea equipos de trabajo, responsables o clientes. Y si el trabajo es altamente solitario, esa persona necesitará de forma aún más urgente tener una buena red de apoyo social fuera del ámbito laboral.

Dentro de las habilidades sociales tendríamos no solo la empatía y la asertividad, sino cualquier otra que nos permita una mejor relación con los otros. Entre las habilidades sociales básicas estarían desde la capacidad de dar las gracias o pedir perdón, hasta la de pedir ayuda o ser amable. La capacidad de resolver conflictos sería también una habilidad social necesaria para fomentar entre el estudiantado.

Comentábamos al inicio de este capítulo la importancia que Bolonia dio a la cooperación y el trabajo en equipo entre el estudiantado. Sin embargo, no damos las herramientas necesarias para poder hacerlo. Se pueden aprovechar muchos momentos en la dinámica de la clase para trabajar las habilidades sociales. En mis clases, cuando se genera algún debate y comienzan a hablar varias personas a la vez, les pregunto si han oído hablar de la pipa de la paz que los indios norteamericanos utilizaban. El objetivo era que solo podría hablar quien tuviera la pipa en la mano. Así que implantamos esta técnica y cualquier cosa que haya en el aula la convertimos en esa *Pipa de la Paz* para respetar el turno de palabra, escuchar activamente y, posteriormente, responder. Otro truco que utilizo en los debates es el de pedirles que cuenten hasta tres desde que el compañero ha terminado de hablar hasta que empiecen con su argumentación. Otras técnicas básicas de habilidades sociales que podemos enseñar en cualquier momento son las siguientes:

- **Técnica RIP:** es el acrónimo de responder, informar y preguntar. Se utiliza para mejorar las relaciones sociales cuando alguien nos hace una pregunta. Por ejemplo, ante la pregunta habitual de ¿cómo estás?, en lugar de responder con un simple bien o mal, responderíamos con, por ejemplo: estoy cansada (responder). He estado todo el día estudiando en la biblioteca (informar) y ¿tú qué tal estás? (Ppeguntar)
- **Técnica del disco rayado:** se utiliza para evitar entrar en conflictos o subir la intensidad de nuestra respuesta en una conversación. En lugar de tratar de defendernos de un supuesto ataque cuando alguien nos dice algo que no nos gusta escuchar o de atacar con cierta hostilidad, la técnica del disco rayado consiste en decir siempre la misma palabra o frase, con el mismo tono. Por ejemplo, si alguien insiste en que salgamos a tomar algo y no nos apetece, ante sus diferentes formas de insistir diríamos siempre la misma frase «no gracias, prefiero quedarme descansando».
- **Técnica del sándwich:** esta técnica consiste en responder o plantear una conversación en la que tenemos que introducir un mensaje negativo diciendo antes y después algo positivo, o bien una frase que pueda reflejar empatía por la otra persona. Por ejemplo, «quería comentarte algo que pasó el otro día, sé que estabas muy nerviosa por los exámenes y además habías tenido ese problema con tu pareja (parte positiva o empática). Cuando me respondiste elevando la voz, para mí fue una situación desagradable que me hizo sentirme mal (crítica constructiva). Sé que puedo comentártelo porque tenemos una gran amistad y eso me da mucha tranquilidad (parte positiva)».

Sin duda, una de las dinámicas más interesantes que podemos hacer en clase para el desarrollo de las habilidades sociales es el clásico debate. En un debate se ponen en juego habilidades como la escucha activa, la empatía, la asertividad, la capacidad de esperar el turno de palabra, etc. En cualquier momento de la clase donde surja debate, o bien preparando previamente un tema que pueda resultar interesante para el estudiantado, se divide a la clase en grupos más reducidos. Cada grupo será un equipo de debate y designará entre sus miembros a una persona que hará las funciones de portavoz. El equipo de debate preparará la argumentación, las posibles respuestas contraargumentales y toda la estrategia a desarrollar. Una vez que haya pasado el tiempo asignado para esta fase, dará comienzo el debate. Se pueden incorporar elementos como 59 segundos (donde después de ese tiempo sonará la alarma del móvil para que la palabra pase a otro equipo), la pipa de la paz para respetar el turno de palabra, etc. Pasada una primera fase de exposición de argumentos por parte de todos los portavoces, se puede incorporar una segunda fase en la que los equipos de debate se vuelven a reunir para consensuar la estrategia y volver al debate. Una vez pasado el tiempo asignado para esta tarea, con independencia de las conclusiones que puedan sacarse del debate en sí, se iniciará una devolución donde hagamos ver a quienes han participado cómo han desarrollado las habilidades sociales de toma de decisiones, cooperación, aceptación, empatía, proponer iniciativas, llegar a acuerdos, etc. También se pueden plantear el desarrollo de habilidades intrapersonales como afrontamiento del fracaso y la crítica, tolerancia a la frustración, autocontrol, etc.

Fortalezas

Anteriormente ya hemos hablado de Martin Seligman como padre de la *Psicología Positiva*. Este término tiene su origen en el año 1998, cuando Seligman es nombrado presidente de la Asociación Americana de Psicología (APA). Esta institución es una de las más importantes de la psicología a nivel mundial. Para que nos hagamos una idea, son los responsables de la edición del catálogo de criterios diagnósticos

DSM utilizado por psicólogos, psiquiatras y médicos en todo el mundo para el diagnóstico de enfermedades mentales. En el discurso de toma de posesión de su cargo, Seligman planteó una idea revolucionaria: ¿y si la psicología, en lugar de centrarse en la patología como hasta ese momento, se centrara en conocer qué hace que las personas sean felices y se lo enseñara a las personas que no lo son? Lejos de planteamientos superficiales, este modelo de psicología es un modelo científico, basado en la evidencia, que trata de comprender los mecanismos del bienestar emocional. Es un enfoque mucho más profundo de lo que pueda parecer, puesto que la mirada a aquellos aspectos positivos de la vida no es algo natural o adaptativo. De hecho, lo que nos ha salvado la vida como especie es el miedo. Quedarnos embelesados por la belleza de las flores puede ponernos en peligro si no nos damos cuenta de los ruidos que nos anuncian la llegada de un lobo. Por lo tanto, hay que desarrollar de forma consciente la capacidad de fijarnos en las cosas bonitas y ejercitarlo a través de un entrenamiento emocional constante.

Martin Seligman estudió con profundidad el concepto de indefensión aprendida, que explica cómo nos rendimos cuando creemos que no tenemos el control acerca de las circunstancias, cuando pensamos que no podemos hacer nada. Pronto empezó a comprobar cómo este tipo de indefensión es habitual en personas pesimistas. Esta indefensión los lleva a echar la culpa de las cosas que les pasan a los demás, a la mala suerte, a las circunstancias. Los pesimistas creen que al no ser responsables de lo que les pasa, no pueden hacer nada por evitarlo. Sin embargo, los optimistas creemos que algo podemos hacer, siempre hay algún aspecto que depende de nosotros que estaría en cierta medida bajo nuestro control. En cualquier circunstancia, lo que depende de mí, sobre lo que puedo actuar, es el estado de ánimo. Habría otras dos características que separan al optimista del pesimista. El optimista piensa que las cosas no duran para siempre. Lo malo pasa y lo bueno también, y por eso hay que disfrutar las rachas buenas todo lo que podamos. Esta visión temporal de las cosas no la comparte el pesimista que suele hablar en términos de «siempre me pasa igual», «nunca va a cambiar nada». La última característica que diferencia al pesimista del optimista es la particularización. El optimista es capaz de ir al detalle para evaluar qué aspectos de su vida van razonablemente bien sobre aquellos otros más negativos. Un pesimista suele generalizar con el «todo me va mal».

Seligman no se quedó solo en el estudio del optimismo. Quería dar un paso más allá estudiando cómo son las personas felices además del optimismo que las caracteriza. Para eso, realizó una ambiciosa investigación en varias decenas de países para descubrir los aspectos que poseen en común todas las personas felices de cualquier país del mundo, y que no dependería por lo tanto del nivel económico o aspectos culturales y sociales. Finalmente, llegó a la conclusión de que la felicidad tenía que ver con la capacidad de superar las adversidades y aspectos concretos que se ponían en juego para recuperar el estado de ánimo, que llamó fortalezas. Seligman encontró 24 fortalezas que agrupó en seis virtudes:

- **Sabiduría y conocimiento:** en este grupo estarían las fortalezas de tipo cognitivo. Estas fortalezas son la creatividad, la perspectiva, el deseo de aprender, la apertura mental y la curiosidad.
- **Coraje:** relacionadas con el empuje para conseguir metas en situaciones complicadas. Las fortalezas de la virtud del coraje son la valentía, la persistencia, la integridad y la vitalidad.
- **Humanidad:** relacionadas con la capacidad de ofrecer ayuda a los demás, estarían las fortalezas de amor, amabilidad, inteligencia social, justicia, ciudadanía y liderazgo.
- **Templanza:** estas fortalezas nos protegen contra los excesos. Son el perdón, la humildad, la prudencia y la autorregulación.
- **Trascendencia:** las fortalezas de esta virtud darían sentido a la vida y nos permitirían conectarnos con un fin superior. Serían las fortalezas de aprecio de la belleza, gratitud, esperanza, sentido del humor y espiritualidad.

Lo importante es que todas estas fortalezas se pueden aprender y por lo tanto se pueden enseñar a nuestro estudiantado. Entre ellas, quizá las más adecuadas para trabajar en el ámbito universitario serían las fortalezas de la virtud de la sabiduría y el conocimiento. Las actividades de innovación en el aula pueden compartir este objetivo común de desarrollar la creatividad, el cambio de perspectiva y la curiosidad, fomentando el deseo de aprender y la apertura mental, por lo que estaríamos abordando todas las fortalezas del grupo de la virtud de sabiduría. Sería muy oportuno revisar experiencias de innovación pedagógica que se realizan en los diferentes programas de las universidades para poder tener ideas que desarrollen nuestra propia creatividad. Animar al estudiantado a elaborar un *podcast* o un blog sobre la asignatura que pueda ser útil para los alumnos de siguientes años, generar mapas mentales o tableros de visión (donde a través de imágenes se recogen los aspectos teóricos más importantes) pueden ser ideas interesantes en este sentido.

Como ejercicio específico proponemos seguir la técnica *Desing Thinking* que es utilizada habitualmente en el ámbito empresarial para el desarrollo de nuevos productos y que podemos aplicar para cualquier temática. Propondremos al estudiantado que diseñe un producto específico, una *app*, un juego, etc. para aplicar los conceptos aprendidos a la sociedad. Podemos dividir al estudiantado en grupos más pequeños para que puedan trabajar en el aula. A partir de ahí, explicaremos los pasos de esta técnica:

1. Empatía: es necesario ponerse en los zapatos de las personas a las que vamos a dirigirnos. ¿Qué necesitan? Podemos utilizar una lluvia de ideas.
2. Definición: en esta fase tendrán que determinar una hipótesis de partida. En esta fase pueden utilizar mapas mentales.
3. Idea: tendrán que elegir la idea más adecuada para resolver su hipótesis. Para eso, podrán utilizar metodologías activas como la de separar las ideas en niveles: basura, no realizables, divertidas, por desarrollar y buenas ideas. Después, a las ideas buenas se las pueden pasar filtros como el de originalidad, viabilidad, impacto, etc.
4. Prototipo: podrán diseñar el prototipo a través de la IA o con herramientas digitales si consiste en la creación de elementos web.

Si queremos profundizar un poco más en el desarrollo de las fortalezas, podemos proponer a nuestros estudiantes al finalizar el cuatrimestre escribir la carta de agradecimiento que Seligman propone en su libro *La Auténtica Felicidad* como ejercicio para conectar con la felicidad propia y de los demás. Consiste en escribir una carta a una persona con la que tengamos un vínculo especial y a la que queramos agradecer algo. Esta carta debe estar escrita de puño y letra y debe redactarse conectando con la emoción de agradecimiento, es decir, sintiendo en el cuerpo la emoción de gratitud. Para eso, antes de empezar a escribir, se pueden cerrar lo ojos, recordar la situación que queremos agradecer y, después de dejarnos sentir las emociones, comenzar a redactar. Una vez terminada, Seligman recomienda quedar con la persona y leerle la carta. Es interesante que podamos hacerlo en clase, entre los propios estudiantes o a alguna persona que haya sido significativa para ellos durante la carrera. Este ejercicio planteado a los estudiantes en último año de carrera es especialmente significativo.

Primero auxilios psicológicos

La pandemia por COVID ha tenido un impacto profundamente negativo en la salud mental de la población en general y de manera más concreta en los jóvenes. La adolescencia es una etapa fundamentalmente social. De hecho, uno de sus objetivos como etapa vital es el de la adquisición de la autonomía y el progresivo distanciamiento del núcleo familiar. Sin embargo, toda una generación ha tenido que vivir esta etapa tan importante aislada físicamente de su grupo de iguales y manteniendo, como única posibilidad, el contacto a través de redes sociales. Esta circunstancia, unida a cierta laxitud en las pautas educativas, una excesiva sobreprotección y la dificultad por parte de los padres en poner límites claros y consistentes, ha podido provocar que aumenten de manera exponencial las dificultades de los jóvenes en cuanto a la tolerancia a la frustración, provocando un incremento de trastornos de ansiedad, conductas autolesivas y, en los casos más graves, convirtiendo al suicidio en la primera causa de muerte entre los jóvenes, por delante de los accidentes de tráfico o el cáncer. Las personas que nos dedicamos a la docencia en cualquier nivel hemos tenido que atender con toda probabilidad a estudiantes con crisis de ansiedad y hemos visto o conocido a alumnado con autolesiones. Universidades como la de Murcia o Valladolid han desarrollado protocolos de prevención y actuación de conductas suicidas.

Mientras abordamos como sociedad las causas de esta situación, es importante que aprendamos a lidiar con estas situaciones en el aula a través de las técnicas de *primeros auxilios psicológicos* (PAP).

Estas técnicas no pretenden en ningún momento suplir la necesaria terapia psicológica ni mucho menos atribuir a los docentes competencias que no les corresponden. El objetivo es que podamos dar la atención puntual y precisa en el momento de una crisis psicológica y, tras la estabilización, derivar a profesionales de salud mental. Los PAP son idénticos a los primeros auxilios médicos. Es posible que nunca utilicemos una técnica de reanimación cardiopulmonar, pero conocer su uso puede hacer que salvemos una vida en un momento determinado. Tras la RCP no haríamos una operación cardíaca, llamaríamos a la ambulancia y un especialista trataría de solucionar la patología que ha dado lugar al infarto. De la misma manera, atendemos una crisis de ansiedad para estabilizar a la persona y que posteriormente un profesional de la salud mental intervenga desde la psicoterapia.

Los PAP son una ayuda breve, inmediata y puntual de apoyo para el restablecimiento emocional. Habitualmente son utilizados en contextos de crisis climáticas, accidentes o atentados. En el contexto educativo, se aplicarán para asistir crisis emocionales puntuales del estudiantado y también podemos utilizarlos para enseñarles a ellos cómo atender estas situaciones por si ocurrieran entre sus amigos o conocidos.

Las habilidades que se ponen en juego en el momento de brindar apoyo a través de los PAP son:

- **Escucha activa:** consiste en mantener a través del lenguaje verbal y no verbal una actitud de comprensión y acercamiento. Dejaremos que la persona se exprese abiertamente, sin limitaciones ni restricciones, manteniéndonos en silencio. Mantendremos una actitud de apertura (brazos y piernas sin cruzar), de frente o al lado de la persona, mirando a los ojos a la persona que habla, asintiendo con la cabeza.
- **Validación:** no juzgaremos lo que diga, ni trataremos de restarle importancia a lo que nos cuente. No se darán consejos ni se utilizan frases como «tranquilízate» o «ya verás como esto se pasa». Decir «entiendo», «me hago cargo», «sé que es difícil esta situación», alivia más que palabras de ánimo.

- **Respeto:** es posible que la persona quiera estar sola o simplemente quiera llorar. Cubrir en ese momento sus necesidades emocionales es fundamental. Preguntarle qué necesita, en qué le podemos ayudar, y hacerlo en la medida de lo posible es lo mejor que podemos hacer en ese momento.

Qué hacer ante una crisis de ansiedad o un ataque de pánico

Existen diferencias sutiles pero importantes entre las crisis de ansiedad y los ataques de pánico. Estos últimos vienen de manera brusca y se presentan en situaciones en las que no hay un peligro real. Comienza de repente y puede durar entorno a los 10 o 15 minutos. Un estudiante puede estar en clase, aparentemente sin ningún tipo de alteración, y de repente empezar con los síntomas. El hecho de que aparezca en situaciones de aparente normalidad suele provocar que la persona que ha padecido un ataque de pánico viva con miedo a que se repita, provocando fobias y evitación de conductas como conducir, salir a la calle, etc.

Por su parte, las crisis de ansiedad suelen producirse en el marco de una situación ansiógena: un examen, una exposición oral, etc. El comienzo es más progresivo que en un ataque de pánico y la persona puede ir notando cómo la ansiedad aumenta. Es precisamente este hecho el que puede hacer que se retroalimente la sensación de ansiedad y esta aumente.

La sintomatología en ambos casos es la misma: taquicardia intensa, hiperventilación, sensación de ahogo, náuseas, entumecimiento o tensión muscular intensa, presión en el pecho… Estos síntomas van acompañados de un miedo profundo. La persona siente que va a morir o que va a perder totalmente el control. En algunas ocasiones, pueden aparecer síntomas de disociación (despersonalización o desrealización). Estos síntomas están asociados con la activación máxima del sistema nervioso. En la despersonalización, la persona siente que no es ella misma, que no está en su cuerpo, se ven a sí mismos «desde fuera». Por su parte, en la desrealización la persona siente que es el entorno lo extraño, «como si acabaran de poner las calles» o «como si fuera andando a un metro por encima de la calle». A pesar de lo confuso y extraño de esta sintomatología, realmente no es peligrosa. Dura unos minutos, aunque a veces puede prolongarse durante más tiempo. La persona sabe que no es real lo que está sintiendo, lo que lo diferencia de patologías más complejas como la esquizofrenia. Al ser experiencias abrumadoras pueden provocar ataques de ansiedad. Por lo tanto, el origen y la consecuencia de los síntomas disociativos sería la ansiedad.

¿Qué hacemos si un estudiante tiene una crisis de ansiedad en clase?

De la misma manera que en los primeros auxilios físicos, las tareas en los PAP son proteger, avisar y socorrer:

1. **Proteger:** pediremos a la clase que salgan del aula para evitar agobiar aún más a la persona que está sufriendo el ataque y que se hagan corrillos. Puede quedarse algún amigo o amiga más cercano al estudiante que tiene la crisis para que se sienta protegido y acompañado. No es necesario que tumbemos a la persona, lo importante es que no se pueda hacer daño con nada si se cae.
2. **Avisar:** diremos a otro estudiante que avise al equipo de dirección o a otra persona responsable de llamar a urgencias de atención primaria.
3. **Socorrer:**
   – **Ubicar.** Decirle su nombre, el nuestro y dónde está. De esta manera prevenimos o tratamos de actuar sobre la posible aparición de síntomas disociativos.
   «Pedro, soy tu profesora Ana».
   – **Nombrar.** Etiquetar lo que le está ocurriendo. Si es la primera vez que le ocurre puede pensar que es un ataque al corazón. El pensamiento de muerte es habitual en estos casos y es importante que le digamos qué le está pasando para, sin restarle

importancia o minimizar la situación, evitar que el miedo a algo más grave acreciente los síntomas.

«Estás teniendo una crisis de ansiedad. No es peligroso».

- **Regular.** La activación del sistema nervioso simpático que la persona está sufriendo en ese momento puede regularse a través de la tarea de respiración. Una respiración pausada, con un mayor tiempo de exhalación que de inhalación, activa el sistema nervioso parasimpático permitiendo a la persona volver a la calma poco a poco. La sensación de falta de aire en una crisis de ansiedad o ataque de pánico hace que se acreciente aún más la sensación de miedo. Instintivamente la persona tiende a querer coger más aire, pero las propias dificultades respiratorias derivadas de la hiperventilación no lo hacen posible, incrementando el efecto de ahogo. Para regular la respiración, lo importante es que la persona exhale de manera sostenida durante varios segundos, cogiendo apenas el aire que puede entrar en un suspiro. Manteniendo la boca como si fuera a beber por una pajita, irá soplando suavemente y de forma mantenida en el tiempo durante al menos seis segundos o hasta que se note que ha vaciado los pulmones. En ese momento, cogerá solo un poco de aire (inhalando dos segundos) y volverá a exhalar de la misma manera. Lo normal es que la persona en esta situación no siga instrucciones pero sí que sus neuronas espejo le permitan imitar nuestro comportamiento. De ahí que lo que tenemos que hacer es ponernos delante de la persona, hacer que nos mire y empezar a respirar siguiendo las pautas descritas para que la persona lo imite.

«Mírame y respira conmigo».

- Otro de los síntomas en las crisis de ansiedad es la tensión muscular. Con frecuencia los músculos se agarrotan, y especialmente los de las manos. Por eso, una de las técnicas que podemos utilizar es la de masajear las palmas de las manos. Cogeremos las manos de la persona y con nuestro dedo pulgar apoyado en el centro de la palma de la mano del estudiante comenzaremos a realizar círculos con una ligera presión. De esa forma, los tendones se irán relajando y la mano se irá abriendo, perdiendo su tensión. En casos de crisis de ansiedad o ataques de pánico, es mejor no abrazar a la persona. Ese gesto podría retraumatizarla si ha sido víctima en algún momento de una situación de agresión.

– **Estabilizar.** Una vez que la persona baja su nivel de activación, es momento de continuar con otras técnicas que le permitirán volver a su ventana de tolerancia. Podemos comenzar regulando la respiración de una forma más rítmica. Si durante la crisis eran 2 segundos de inhalación y 6 de exhalación, ahora podemos hacer un cuatro-dos-cuatro-dos, es decir cuatro segundos de inhalación, dos de pausa, cuatro de exhalación y dos de pausa. Puede ir acompañando la respiración del pensamiento «ahora estoy inhalando, ahora estoy exhalando». También son recomendables técnicas de atención que puedan distraer a la persona de los pensamientos negativos intrusivos que con toda seguridad está teniendo. En este caso, jugar al veoveo es tremendamente eficaz. Podemos utilizar frases como «dime tres objetos azules que haya en el aula» o «busca cuatro cosas que empiezan por A» o «una cosa que haya en la habitación que puedas oler, otra que puedas tocar, otra que puedas saborear y otra que puedas escuchar».

– **Derivar.** Una vez que el alumno se ha estabilizado completamente, no le debemos preguntar qué le ha pasado o hacer referencia a la crisis. No es nuestra competencia el ahondar en las causas o tratar de ayudarle psicológicamente. Sí que podemos hacerle ver la importancia de ponerse en manos de profesionales que puedan ayudarle. Le preguntaremos si quiere que avisemos a alguien de su familia y le acompañaremos a otro espacio donde pueda estar acompañado de un amigo hasta que los servicios de urgencias de atención primaria puedan asistirle.

Cómo actuar ante las autolesiones

Las autolesiones son comportamientos en los que la persona se autoinfringe daño físico de forma deliberada sin intención suicida. Estas conductas han aumentado de forma exponencial en los últimos años, probablemente «viralizadas» a través de las redes sociales como una forma de aliviar el dolor emocional. Pero ¿realmente reducen las sensaciones emocionales más desagradables? Pues lamentablemente, la respuesta sería afirmativa. Y decimos lamentablemente porque pueden acabar convirtiéndose en una auténtica adicción para quien no tiene más recursos de afrontamiento.

Las señales de dolor llegan al tálamo, un área del cerebro que funciona como un centrocampista, repartiendo el juego (la información que le llega) a diferentes áreas cerebrales para que se pongan a trabajar como respuesta a la información recibida. Cuando la señal de dolor llega al tálamo, este la reparte por un lado a la corteza somatosensorial para que identifique de dónde viene el dolor y cómo se siente, por ejemplo, un golpe o una quemadura. La segunda vía va a la corteza cingulada anterior que se encarga de la sensación de dolor. Estas mismas estructuras y el mismo proceso siguen nuestro sistema cuando el dolor que sentimos no es físico, sino cuando viene de un dolor emocional relacionado con nuestra parte más social: reñir con un amigo o que nos abandone nuestra pareja para nuestro cerebro no tiene diferencias con respecto a cualquier otro daño en nuestro cuerpo. La explicación es, una vez más, evolutiva. Al nacer tan indefensos, que no nos cuiden o que nos abandonen puede llegar a ser tan mortal como una herida.

La señal de dolor es desagradable para que podamos, primero, darnos cuenta de qué nos ha hecho daño, después arreglarlo y, por último (si hemos sobrevivido), evitarlo en futuras ocasiones. Y esto es así para unos zapatos que nos rozan y debería serlo para esa pareja que nos hace sufrir, aunque en esto último podemos llegar a ser más insistentes y tratar una y otra vez de volver con esa persona sin hacer caso a las señales de dolor que nos está enviando nuestro cerebro. Que compartamos las mismas vías para el dolor físico y el emocional-social da como resultado que podamos sentir un alivio del dolor físico cuando estamos con alguien que nos quiere y nos cuida y que seamos más sensibles al dolor físico cuando estamos en una situación de duelo, por ejemplo. Las personas que tienen un umbral alto del dolor físico también lo tienen del dolor social.

Es posible que esta relación esté también detrás de que las autolesiones se den con mayor frecuencia en la adolescencia, una época en la que el dolor social puede ser especialmente intenso y significativo. Tal y como defiende Daniel Siegel en su fantástico libro para entender la adolescencia *Tormenta Cerebral* (2013), la función biológica de la adolescencia sería la de salir de nuestro entorno familiar y conectar con otros grupos sociales con los que reproducirnos, por lo que la importancia de las relaciones sociales en esta época de la vida no es solo social o emocional, es adaptativa y por tanto crucial. El que nos rechacen en la adolescencia podría entenderse a nivel fisiológico como un riesgo vital y, por lo tanto, la señal de dolor se vuelve intensísima para que podamos hacer algo para solucionar la situación.

Esta unión entre el dolor físico y social tiene otra característica añadida. Nuestro organismo trata de minimizar la intensidad del dolor liberando sustancias químicas analgésicas, sobre todo endorfinas. Por lo tanto, realmente cuando una persona se realiza a sí misma un corte en la piel para liberarse del dolor emocional, consigue obtener cierto alivio gracias a la liberación de estas sustancias. Este alivio, aunque momentáneo, es suficiente para algunas personas y si además se carece de otro tipo de estrategias de regulación del dolor social, es muy posible que acabe recurriendo a las autolesiones como único remedio, convirtiéndose esta respuesta en una adicción.

Es importante tener en cuenta que las autolesiones se dan en población no clínica y que, aunque no son un precursor de la conducta suicida (al menos no siempre), sí que pueden ser un factor de riesgo para la ideación suicida por el mantenimiento de la falta de estrategias de afrontamiento adecuadas.

Las formas más habituales de autolesiones son los cortes en la piel generalmente con cuchillas en brazos y piernas, quemaduras con cigarros o encendedores, golpes con paredes o golpeando su cuerpo con el puño. En las redes sociales se pueden ver vídeos muy explícitos de estas formas de autolesión que se convierten rápidamente en conductas a imitar, sobre todo si en el vídeo se afirma la efectividad para reducir el sufrimiento.

¿Qué hacer si vemos que uno de nuestros estudiantes se ha autolesionado?

Podríamos pensar (y habrá quien así lo crea) que no es nuestra responsabilidad atender este tipo de situaciones y más cuando se dan en el ámbito universitario. Otros docentes creemos en la educación integral y en que, sea cual sea la asignatura o el área de conocimiento que impartamos, estamos, sobre todo, formando a futuros profesionales y sí es nuestra responsabilidad atender aquellas circunstancias que puedan contribuir al desarrollo integral de la persona.

Es posible que en algún momento de la clase observemos los cortes o las quemaduras. Aconsejaría esperar a terminar la clase para poder decirle a nuestro alumno o alumna que queremos hablar a solas. Entonces, podemos decirle que hemos visto las heridas y que nos ha preocupado que pueda estar pasando por una situación difícil. En ese momento podemos ofrecer nuestra escucha si necesita hablar de forma confidencial. Es fundamental evitar afear la conducta de autolesión. Más bien al contrario, la frase podría ser del tipo «entiendo que debes estar pasándolo muy mal si has llegado a autolesionarte». No preguntaremos por lo que le ha llevado a lesionarse. En esta situación, la causa del malestar es lo de menos porque con toda seguridad sobre esa causa no podremos (ni debemos) actuar. Sí brindarle nuestro apoyo, informarle sobre recursos que puede tener accesibles como los servicios de psicología de las universidades o los Equipos de Orientación en los centros de Educación Secundaria, teléfono de la Esperanza, Cruz Roja, Fundación ANAR para los menores de edad, el teléfono de atención a la conducta suicida 024, etc.

Podemos preguntar si se lesiona con frecuencia y si ha pensado alguna vez en suicidarse. Esta pregunta, lejos de contribuir a que elabore un plan de suicidio, nos puede ayudar a evaluar la gravedad de la situación.

Es importante ofrecer a la persona que recurre a las autolesiones un plan de actuación, estrategias para que pueda regularse en los momentos de crisis. El botiquín emocional es sin duda el mejor recurso. El hecho de que se pueda tener un sitio físico al que recurrir en un momento determinado evita que la persona tenga que hacer el esfuerzo mental de pensar qué puede hacer para calmar mi dolor o mi angustia. Es muy difícil pedir a alguien, sobre todo si es adolescente, que en un momento de crisis piense en estrategias. Es mejor que en situaciones de calma pueda ir elaborando ese botiquín y lo tenga en un lugar visible. El botiquín lo puede hacer con una caja que personalice a su gusto y en su interior introducir todos aquellos elementos que normalmente le lleven a la calma, así como un listado de tareas a hacer, sustitutivas de la conducta autolesiva. Entre los elementos, pueden poner:

- Un globo, para recordarles que pueden utilizar la respiración como técnica de regulación.
- Una foto de la playa o de su lugar seguro (ese sitio que pueden recordar y volver a experimentar las sensaciones de calma y relajación que tuvieron en el momento en el que estaban allí).
- Un peluche o un trocito de tela suave (la estimulación táctil ayuda a la calma).
- Una foto de amigos o familiares.
- Un bolígrafo y una libreta para poder escribir.
- Colores y folios para poder dibujar.
- Una carta a uno mismo escrita en segunda persona en un momento de calma donde explique por qué no debe hacerse daño.
- Un caramelo de un sabor desagradable o un trozo de estropajo o alguna tela rugosa y no gustosa al tacto. A veces, la persona necesita tener experiencias desagradables y podemos incorporar en el botiquín cosas de este tipo.

- Listado por conductas puede hacer en lugar de autolesionarse:
  - Dibujar las lesiones. Utilizar un rotulador de la misma forma que estaría utilizando la cuchilla provoca un alivio muy importante.
  - Coger hojas de papel y cortarlas en pedazos muy pequeños.
  - Ordenar la habitación o los cajones.
  - Abrazar la almohada fuerte (o peluche).
  - Dibujar las emociones.
  - Toma un baño con agua fría.
  - Escribir los pensamientos y romper el papel.
  - Inflar el globo hasta que estalle.
  - Escribirse una carta a uno mismo.

Ideación suicida

Según la *Guia per a l'abordatge de la conducta suïcida i de les autolesions no suïcides en el centre educatiu*[2] de la Generalitat Catalana, en 2020 se incrementaron en Cataluña los intentos de suicidio en chicas entre 12 y 18 años un 195 % respecto al año anterior. En el año de la pandemia, el suicidio fue la primera causa de muerte entre las personas de 15 y 44 años. En el año 2023, el INE recogió la mayor tasa de suicidio registrada nunca en España, siendo el tercer año consecutivo que se superaba, convirtiéndose en la principal causa de muerte externa en nuestro país. Estos datos actualizados a fecha de diciembre de 2023 pueden consultarse en la página web de la Fundación Española para la Prevención del Suicidio[3] .

A pesar de estas terribles cifras, aún no existe una estrategia nacional para la prevención del suicidio y continuamos manteniendo en nuestra sociedad multitud de mitos acerca del suicidio que lejos de ayudar, obstaculizan la intervención temprana en personas con idea-

---

2. https://presidencia.gencat.cat/web/.content/ambits_actuacio/pacte-nacional-salut-mental/2022-Guia-Abordatge-Conducta-Suicida-Autolesions-Suicides-Centres.pdf
3. https://www.fsme.es/observatorio-del-suicidio-2022-definitivo/

ción suicida o evitan directamente que se aborde de forma adecuada esta problemática.

Uno de los mitos más habituales en torno al suicidio tiene que ver con la comunicación de la intención. Es habitual escuchar que si realmente lo va a hacer, no lo dice y que si lo dice, no lo hace porque solo está llamando la atención y que por lo tanto lo mejor es ignorarlo. Es importante dejar claro que esto no es así.

Expresar la intención suicida no es llamar la atención, es pedir ayuda.

En muchas ocasiones, tras el fallecimiento, la familia o los amigos entienden que la persona había expresado su angustia a través de estos mensajes que en ningún momento eran amenazas, sino planteamientos de decisiones. Escuchemos a quien lo verbaliza, ayudémosle a trazar otras estrategias para su recuperación.

Otro mito muy habitual es el de que es mejor no hablar de suicidio. Este hecho está relacionado con el conocido como efecto Werther, término utilizado por David Phillips en un estudio del año 1974 donde encontró un aumento significativo en los suicidios ocurridos en EE. UU. en un intervalo de más de 20 años, justo después de que *The New York Times* publicara la noticia del suicidio de una persona conocida. El nombre de este efecto hace alusión a la novela *Las penas del joven Werther* escrita por Goethe en el siglo XVIII. Tras la publicación de la novela, donde el protagonista se suicidaba tras una ruptura amorosa, varios países tuvieron que retirar el libro ante el aumento de suicidios imitando la forma en la que el protagonista se suicidaba. Sin embargo, este efecto, también llamado *efecto Copycat*, parece que no siempre se produce. Por ejemplo, tras el suicidio del cantante de Nirvana, Kurt Cobain, no se llegó a producir un aumento en los casos de suicidio posiblemente porque, ante el temor de que ocurriera, los medios de comunicación ofrecieron también alternativas a la conducta suicida. Esto nos lleva al estudio de otro efecto, menos conocido pero muy importante, que es el *efecto papageno*.

Papageno es uno de los personajes de la ópera de Mozart *La Flauta Mágica*. Está terriblemente abatido por la pérdida de su amor, Papagena, y cree que la única alternativa es la muerte. Sin embargo, durante la ópera, otros personajes le ayudarán a valorar que hay otras opciones y finalmente recuperará su relación con Papagena en un dueto magistral. El efecto papageno nos dice que abordar las noticias de los suicidios de una manera específica, dando información sobre las alternativas, puede convertirse en una excelente forma de prevención. Entre las recomendaciones que la OMS da a los medios de comunicación para promover el efecto papageno estarían separar los logros profesionales de la persona del acto del suicidio, haciendo hincapié en lo que se perderá con su muerte, evitar los detalles sobre la forma elegida para quietarse la vida, dar siempre teléfonos de apoyo, evitar calificativos sobre el hecho de que la muerte haya podido ser rápida o fácil, etc.

Un tercer mito sobre el suicidio es el de pensar que únicamente se suicidan las personas que tienen una enfermedad mental. Es cierto que algo no debe ir muy bien cuando una persona ignora el instinto de supervivencia y decide poner fin a su vida, sin embargo, este planteamiento no tiene por qué darse en el marco de una psicopatía grave o tras periodos prolongados de depresión. Lo que sí que encontramos siempre es un gran dolor emocional, pero este no tiene por qué darse como síntoma de una patología mental. Que exista un gran dolor emocional no significa que haya una sola causa. En la mayoría de las ocasiones, el suicidio es multicausal y se produce tras la «gota que colma el vaso». Pero esa gota (una ruptura de pareja, un despido o un desahucio) suele estar entretejida con una red de complejidades vitales.

Tampoco es (al menos en la mayoría de las veces) una conducta impulsiva. Como veremos más adelante, consumar el suicidio es la última etapa de un proceso, que es cierto que puede ser más o menos prolongado, pero que ha debido de pasar por fases.

El proceso del suicidio

Aunque como hemos visto anteriormente puede haber excepciones, el suicidio consumado suele ser la última fase de un proceso de mayor o menor duración que comienza con ideas de muerte. La persona empieza a pensar que la muerte es la única salida al sufrimiento que padece. La desesperanza y la sensación de que nada va a cambiar es la que lleva a la persona a este pensamiento. De la idea de muerte se puede pasar rápidamente a la segunda fase, el deseo de muerte. Si la muerte es la única salida, se comienza a querer que la muerte llegue de forma rápida. En esta fase es habitual escuchar frases del tipo «ojalá me pasara algo» o «ojalá me duerma y no me despierte», ansiando que lleguen enfermedades o accidentes que pongan fin a la vida de forma rápida. Si la deseada muerte no llega, es cuando la persona se puede adentrar en la tercera etapa, la de la ideación suicida. En este momento, se plantea el hecho de que habrá que tomar medidas, hacer algo para adelantar esa muerte que no llega. Cuando se empiezan a plantear de qué manera se haría y en qué momento, es cuando nos adentramos en la cuarta fase, la del plan suicida. En algún momento de esta fase es cuando la persona puede empezar a verbalizar su intención que es tomada en ocasiones como una amenaza o una llamada de atención.

Para algunos autores, más que fases serían diferentes expresiones de la conducta suicida y, ya sea el deseo de morir o el haber establecido un plan para suicidarse, solo nos estaría señalando diferentes manifestaciones de intensidad y malestar asociado que hará que cuanto mayor sea, las posibilidades de llegar al suicidio consumado serán mayores.

En cualquier caso, habría una serie de señales de alerta que debemos tener en cuenta y que nos pueden servir para prevenir el suicidio consumado y que se manifiestan cuando se ha elegido, dentro del plan suicida, el momento y este está cercano. Esas señales podrían ser el hecho de regalar objetos personales valiosos, enviar mensajes que pueden sonar a despedida, hacer actividades arriesgadas o de una forma que exprese que no siente miedo, un aumento en el consumo de drogas o alcohol y, sobre todo, una mejoría en el estado de ánimo repentina y casi eufórica, que puede ser signo del alivio que puede sentir la persona ante el planteamiento de que por fin su sufrimiento está próximo a concluir.

Uno de los mejores libros sobre la conducta suicida en general y en adolescentes en particular es *Morir antes del suicidio* de Francisco Villar (2022). En este libro, el autor plantea la teoría de los tres pasos de Klonsky y May. Para estos autores, el suicidio consumado sería el resultado de una desesperanza unida a la sensación de no estar conectado con los demás y la oportunidad de poder llevar a cabo la conducta suicida. Esta combinación de la falta de esperanza y la falta de amor nos recuerda a las conclusiones a las que llegaba Viktor Frankl, autor del libro *El hombre en busca de sentido* (1946), quien encontraba en estas mismas dos variables, la esperanza y el amor, la explicación para que las personas con las que compartía reclusión en el campo de concentración no se suicidaran a pesar de las penurias sufridas.

Según la teoría de los tres pasos, debemos hacernos tres preguntas sobre la persona que está sufriendo y que ha planteado la posibilidad de morir como salida a su situación. La primera de estas preguntas sería si tiene esperanza. Si la respuesta es afirmativa, la persona no correría riesgo de entrar en las fases del comportamiento suicida. Pero si la respuesta es negativa, tendremos con toda seguridad una ideación suicida. Ante esta situación, debemos hacernos la segunda pregunta, relacionada con su vinculación afectiva con otras personas. Si siente conexión (amor) con otras personas, familiares o amigos, o siente que no sería capaz de hacer sufrir tanto a sus seres queridos con su muerte, entonces la ideación es moderada. Pero si siente que su dolor es más grande que su conexión con los demás, entonces la ideación es fuerte. La última pregunta que se haría sería si la persona tiene oportunidad de hacerlo. Si no la tiene, entonces se quedaría en ideación, pero si tiene la oportunidad, entonces entraríamos en conducta suicida y el riesgo de intento de suicidio sería muy alto. Cuando hablamos de oportunidad no solo hablamos de tener a mano los elementos para hacer efectivo su plan suicida (pastillas, una cuerda, acceso a un lugar de altura, etc.), hablamos también del impulso necesario para ejecutar una acción que supondrá la muerte.

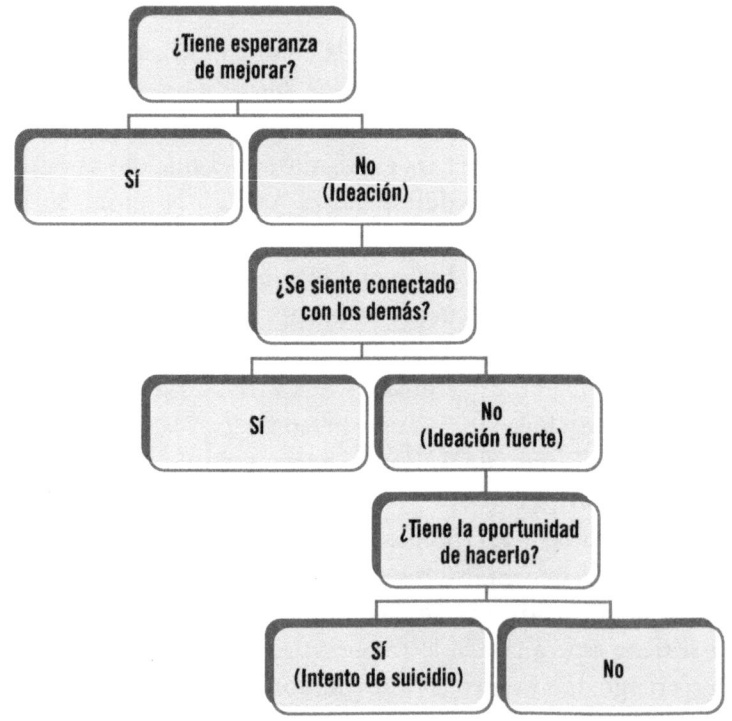

Conocer que la esperanza y el amor pueden salvar a alguien del suicidio, luchar contra los mitos, conocer el proceso que lleva a una persona a pasar del deseo de muerte al suicidio consumado son parte de la responsabilidad que tenemos como seres humanos de tratar de ayudar a las personas con las que nos relacionamos, sean amigos, familiares o estudiantado. Hablar en clase del efecto papageno y de los recursos emocionales y físicos, como el teléfono de atención a la conducta suicida (el número 024), puede ayudar a salvar vidas.

Referencias bibliográficas

Bisquerra, R., y Pérez, J. (2017). *Universo de emociones.* PalauGea.

Cuddy, A. (2015). Presencia: *Lleva tu yo más grande al desafío más grande.* Little, Brown and Company.

González, A. (2022). *¿Por dónde se sale?* Planeta.

Damasio, A. R. (1994). *El error de Descartes: La emoción, la razón y el cerebro humano.* Crítica.

Seligman, M. E. P. (2002). *La auténtica felicidad: Usar la nueva psicología positiva para alcanzar el potencial humano.* Ediciones B.

Siegel, D. J. (2014). *Tormenta cerebral: El poder y el propósito del cerebro adolescente.* Alba Editorial.

Rocamora Bonilla, A., & López Villar, L. F. (2019). *Morir antes del suicidio: Una visión integradora de la conducta suicida.* Desclée De Brouwer.

Frankl, V. E. (1946). *El hombre en busca de sentido.* Herder.

Índice